商业博弈

孔英 ◎ 著

北京大学出版社
PEKING UNIVERSITY PRESS

图书在版编目（CIP）数据

商业博弈/孔英著.—北京：北京大学出版社，2016.4
ISBN 978-7-301-26770-7

Ⅰ.①商… Ⅱ.①孔… Ⅲ.①商业经营—研究—中国 Ⅳ.①F72

中国版本图书馆CIP数据核字（2016）第009787号

书　　名	商业博弈
	SHANGYE BOYI
著作责任者	孔　英　著
策划编辑	周　玮
责任编辑	兰　慧
标准书号	ISBN 978-7-301-26770-7
出版发行	北京大学出版社
地　　址	北京市海淀区成府路205号　100871
网　　址	http://www.pup.cn
微信公众号	北京大学经管书苑（pupembook）
电子信箱	em@pup.cn
电　　话	邮购部 010-62752015　发行部 010-62750672　编辑部 010-62752926
印刷者	北京鑫海金澳胶印有限公司
经销者	新华书店
	720毫米×1020毫米　16开本　14.25印张　203千字
	2016年4月第1版　2020年6月第2次印刷
定　　价	49.00元

未经许可，不得以任何方式复制或抄袭本书之部分或全部内容。
版权所有，侵权必究
举报电话：010-62752024　电子信箱：fd@pup.pku.edu.cn
图书如有印装质量问题，请与出版部联系，电话：010-62756370

序

> 理论是灰色的，而生命之树长青。
>
> ——歌德

德国诗人歌德的这句话看似有浓郁的"工具理性"色彩，却在一定程度上道出了理论和实践的关系。如何将经济学理论运用到商业实践中是一个难以厘清的话题——博弈论也是这样。

提起博弈论，人们想到的往往是那些高度抽象化的假设和推导、高度符号化的数学工具、逻辑严密却有点"不食人间烟火"的图表和方程。我本人早年学习这门学科的时候也花了不少工夫。我们必须承认，抽象化的数学工具是博弈论理论非常重要的基础。甚至可以说，没有它，博弈论很可能还是停留在"孙膑田忌赛马"时代的小游戏。但是，对于一向自诩"经世济民"的经济学理论来说，理论仅满足于自洽是不够的。如果它能够解释甚至指导商业实践，那将是一件锦上添花的事情。

有鉴于此，我不期望《商业博弈》这本书能够成为"为往圣继绝学"或者"为万世开太平"的皇皇巨著，这本书的作用就在于"锦上添花"。但是"锦上添花"也绝对值得社会各界读者——学经济学的学生、在商界大潮中搏击的弄潮儿、对博弈论感兴趣的业余爱好者等翻看一二。如果我的理解不错的话，本书应该是全国第一本用比较通俗的语言系统地将博弈论与商业实践相结合的教科书，具有以下几个特点：

案例阐释理论深入浅出 博弈论是一门高度数学化的学科，涉及策略、信息、均衡、得失等众多问题。均衡的推导往往需要复杂的数学证明过程。对于大多数读者来说，他们并没有受过严格的高等数学和实变函数的训练。

即使受过训练，运用它们去推导并证明博弈论也相当烦琐——这应该是从事数学和经济学理论研究学者所关注的。所以用案例阐释理论有助于将理论通俗化、形象化，将博大精深的博弈论从庙堂之高请下来，走进生活，走到商业活动的方方面面中，让它为我们解释商业行为，指导商业决策。

案例来自商战前沿　你知道广受关注的"360与QQ之争"为什么会发生吗？你知道为何麦当劳与肯德基选址非常靠近吗？你知道为何美的和格兰仕经过长期的竞争，最终却结束价格战吗？你知道云南白药与太极集团的市场进入决策是什么吗？你知道为何本田与雅马哈之争的结果一定是本田稳操胜券吗？这些都是本书挑选的案例。可见，这些案例都是来自商战前沿的经典代表，涉及商业活动中经常遇到的商业定价、垄断竞争、寡头博弈、市场划分、并购与反并购等问题。这些问题紧扣社会热点，紧抓商业潮流，具有典型意义，是不可多得的商业活动学习材料。

商战中的孙子兵法　《孙子兵法》是我国战争艺术的瑰宝。那么《孙子兵法》通篇讲的是一件什么事呢？其实说白了就一件事——庙算，也就是战役发生之前的谋划。《孙子兵法》开篇《始计第一》有云："夫未战而庙算胜者，得算多也。"足见战争中"庙算"之重要。和《孙子兵法》讲战争中的"庙算"一样，本书就是要教会读者如何在商业活动中"庙算"。博弈论可以为商业活动中的行为体找到达到某项均衡或者回避某项均衡的最优策略，达到孙子所说的"先为不可胜，以待敌之可胜"的境界。

我国正处于经济转型的重要时期，国内企业如何面对来自国际社会的竞争是一个亟待思考的问题。作为一名经济管理学教授，我深感责任之重大。而我的研究领域之一——博弈论为解决这一问题提供了一把钥匙。在即将付梓之际，要感谢在这一领域做出奠基贡献的数学家和经济学家——冯·诺依曼、约翰·纳什等先哲们，他们就是牛顿所说的"被踩在肩上的巨人"；我要感谢我任终身教授的约克大学和北京大学汇丰商学院，以及海闻院长，使我能在北京大学汇丰商学院做特聘教授时完成本书的初稿。还要感谢我的学生——向雯、詹德昕、刘其姝、王冀、雍大为、王栋、熊康生、旷平江、李焘、夏爽、黄瑞娇、吕品贤、高一放、梁成、刘梦婕、李祥杰、张睿、李重阳、沈承曦、徐琦、周秦、王紫雯、戴翔等，他们为本书资料搜集、文字校对做了许多辛勤的工作，尤其是吕品贤同学做了许多组织和协调工作。此外，非常感谢我商界的朋友，他们的案例和建议是成书的重要保证。我更要感谢北京大学出版社的支持与帮助，特别是要感谢经济与管理图书事业部林君秀主任以及编辑周玮和兰慧。

本书适用于但不限于工商学科的学生特别是 MBA 和 EMBA 学生。

需要说明的是，本书绝对没有重视实践而贬低理论的意思。其实本书就是要传达这样一个观念：我们需要高度抽象化、符号化、数学化的博弈论，这是这门学科的基础，是学科生存与发展的永恒寄托，一旦失去它，这门学科就如同无根的浮萍，难以长成参天大树。但是，我们还需要一片蓝天，引发我们触摸的愿望，激励学科不断发展。而实践案例就是这样的蓝天，它为这棵参天大树提供了广阔的空间，保证它欣欣向荣。

孔英　博士

2016 年 2 月 18 日

目录 | contents

第一部分　博弈行为 / 1

第 1 章　博弈与战略性思考 / 3

　　1.1　博弈的思维 / 3
　　1.2　简单的博弈论 / 10

第二部分　冲突合作 / 29

第 2 章　简单的定价策略 / 31

　　2.1　基本定价规则 / 31
　　2.2　单一定价策略 / 37

第 3 章　战略性策略：多方博弈 / 50

　　3.1　利益冲突：非合作博弈 / 50
　　3.2　利益均沾：合作博弈 / 81

第 4 章　解决冲突：威慑与承诺 / 92

　　4.1　懦夫博弈 / 92
　　4.2　威慑 / 98
　　4.3　承诺 / 103
　　4.4　谈判 / 109

第三部分　市场势力 / 115

第 5 章　捍卫市场势力的博弈 / 117

5.1　守势：维持现有势力 / 117
5.2　攻势：扩张市场势力 / 136

第 6 章　合并抉择：供给与防守 / 151

6.1　目标与构建 / 151
6.2　反并购策略 / 161

第 7 章　博弈与机制设计 / 178

7.1　拍卖 / 182
7.2　委托代理理论 / 197
7.3　公司制度与设计治理 / 204

第一部分
博弈行为

第一部分

队行举例

第1章
博弈与战略性思考

本章关注博弈概念与模型的引入与介绍。1.1 节通过鲁滨逊这样一个简单而形象的例子引入博弈的概念；1.2 节介绍了几个博弈的经典模型，使读者对于战略性思考有进一步的认识。

1.1 博弈的思维

1.1.1 鲁滨逊的故事

在鲁滨逊的世界里，只有一人、一岛和无休止的时间，太阳出来就到沙滩上晒太阳，风浪袭来就躲到林子里面去；看到兔子就抓住，看到老虎扭头就跑。鲁滨逊无须考虑太阳会怎么想、兔子会怎么想，只需要简单地选择自己的行为。在鲁滨逊的世界里，只有无须考虑他人反应的选择，这就是**决策**（decision）。

有一天，星期五走进了鲁滨逊的荒岛世界，从此这个岛上将存在两个智慧生物。曾经有无数的鱼虫鸟兽到达和离开过这个荒岛，但星期五的到来将彻底改变这个荒岛的生活。除非与星期五一生都"鸡犬之声相闻，老死不相往来"，否则鲁滨逊生活中面临的将不再仅仅是简单的决策，还有星期五会怎么反应。双方基于交叉效应的相互认识而产生的行为互动，就是**策略博弈**（strategic game）。鲁滨逊将从决策世界，转向更为复杂的博弈世界。

□ 危机的边缘

鲁滨逊和星期五合住在树屋里，虽然只是树屋，但出于对二人的健康和生活质量考虑，也需要扔垃圾。对于鲁滨逊来说，住在干净的屋子里是一种享受，但倒垃圾要跑到500米外的小溪旁，这是一种痛苦。如果星期五主动去倒垃圾，那么鲁滨逊就可以在享受生活的同时回避痛苦，这绝对是鲁滨逊追求的最高生活境界。对于一个思维正常的智慧生物来说，这同样也是星期五追求的最高生活境界。屋子里已经堆了很多苹果核和香蕉皮，二人相顾无言，但心中有同样的疑问："星期五（鲁滨逊）要什么时候才去倒垃圾呀？"等到香蕉皮已经第三次把鲁滨逊滑得四脚朝天的时候，鲁滨逊终于忍不住清理了所有的垃圾。

这是一场**等待博弈**（waiting game），星期五和鲁滨逊都试图比对方等待得更久，忍耐得更久。伴随这一漫长的、艰难的过程，苹果核和香蕉皮带来的不便逐步升级，这可能带来极大的成本。双方任由这种不便和成本增加到各自忍耐的底线，忍耐力差的人就是最后的失败者。鲁滨逊由于其不耐摔的屁股成了这场博弈的"懦夫"和失败者，但星期五是真正的胜利者吗？在鲁滨逊清理垃圾之前，星期五也同样忍受了一段时间腐烂苹果核的气味和踩到香蕉皮滑倒的伤痛。对于鲁滨逊来说，早一点清理垃圾付出的是和现在同样的成本，却可以避免几次摔倒的尴尬和痛苦，为什么他没有那么做呢？

□ 你我都是鲁滨逊

当鲁滨逊独居的时候，作为一个会享受生活和怕摔跤的人来说，他不会任由香蕉皮滑倒自己三次之多。而多了一个星期五，情况就全部改变了。这就是博弈。鲁滨逊不再理性了吗？席勒说："一个人独居时还算是聪明谨慎，在一群人中他简直就是个傻瓜。"不用一群人，一个星期五就把鲁滨逊变成了傻瓜。

但鲁滨逊还是原来的鲁滨逊，化学成分和物理结构都没有发生变化，变了的是什么呢？他不再是单纯地做出决策，而是参与到与星期五的博弈中。他不再是单纯地对外界作出反应，而是需要考虑到星期五会怎么反应。从这一点来说，人是社会动物，他的行为不是简简单单的条件反射，而是考虑了其他人反应之后做出的行动。你在影响别人，别人也在影响你，人的一生就是这样的博弈。

1.1.2 博弈的历史

博弈论起源于18世纪初期,起初只是对决策问题的零星研究,20世纪初期开始了萌芽阶段。1944年,美国数学家约翰·冯·诺依曼(John von Neumann)和奥斯卡·摩根斯坦(Oskar Morgenstern)发表《博弈论与经济行为》,标志着系统的博弈理论的初步形成,将二人博弈推广到n人博弈结构并将博弈论系统地应用于经济领域,从而奠定了这一学科的基础和理论体系。接下来的一段时间,对博弈论的研究有了长足进步,1950—1951年,约翰·纳什(John Nash)利用不动点定理证明了均衡点的存在,为博弈论的一般化奠定了坚实的基础。纳什的开创性论文"n人博弈的均衡点"(1950)、"非合作博弈"(1951)等,给出了纳什均衡的概念和均衡存在定理。此外,莱因哈德·泽尔腾(Reinhard Selten)、约翰·海萨尼(John Harsanyi)的研究也对博弈论发展起到了推动作用。今天,博弈论已发展成一门较完善的学科并广泛运用于经济学及其相关的金融、会计、市场学甚至政治学等领域。

与此同时,博弈论也与诺贝尔奖息息相关。从1994年诺贝尔经济学奖授予3位博弈论专家开始,共有7届诺贝尔经济学奖与博弈论的研究有关,分别为:

1994年,授予美国加利福尼亚大学伯克利分校的约翰·海萨尼、美国普林斯顿大学的约翰·纳什和德国波恩大学的莱因哈德·泽尔腾,以表彰他们在非合作博弈的均衡分析理论方面作出了开创性的贡献,对博弈论和经济学产生了重大影响。

1996年,授予英国剑桥大学的詹姆斯·莫里斯(James Mirrlees)与美国哥伦比亚大学的威廉·维克瑞(William Vickrey)。前者为信息经济学理论领域尤其是不对称信息条件下的经济激励理论作出了重大贡献,后者在信息经济学、激励理论、博弈论等方面都作出了重大贡献。

2001年,授予美国加利福尼亚大学伯克利分校的乔治·阿克尔洛夫(George Akerlof)、美国斯坦福大学的迈克尔·斯宾塞(Michael Spence)和美国哥伦比亚大学的约瑟夫·斯蒂格利茨（Joseph Stiglitz）。他们的研究为不对称信息市场的一般理论奠定了基石，迅速得到了广泛应用，从传统的农业市场到现代的金融市场。

2005年，授予美国马里兰大学的托马斯·克罗姆比·谢林（Thomas Crombie Schelling）和耶路撒冷希伯来大学的罗伯特·约翰·奥曼（Robert John Aumann）。他们的研究通过博弈论分析促进了对冲突与合作的理解。

2007年，授予美国明尼苏达大学的里奥尼德·赫维茨（Leonid Hurwicz）、美国普林斯顿大学的埃里克·马斯金（Eric Maskin）以及美国芝加哥大学的罗杰·迈尔森（Roger Myerson）。他们的研究为机制设计理论奠定了基础。

2012年，授予美国哈佛大学的埃尔文·罗斯（Alvin Roth）与罗伊德·沙普利（Lloyd Shapley）。他们创建了"稳定分配"的理论，并进行了"市场设计"的实践。

2014年，授予法国图卢兹大学的让·梯若尔（Jean Tirole）。他在产业组织理论以及串谋问题上，采用了博弈论的思想，让理论和问题得以解决，在规制理论上也有创新。

作为一门工具学科，博弈论能够在经济学中得到如此广泛的运用并被学界垂青实为罕见。博弈论和演化经济学让我们更加关注微观，即宏观决策中常常被忽视的"个体"；更加关注系统变量之间的作用机制，即经济演变的过程而不是结果。

1.1.3 博弈的分类

博弈涉及方方面面，博弈模型之间也千差万别。所以对博弈的分类有一个大致的了解对了解博弈是非常有用的。博弈总体有两大划分，即理论分类和现实分类。根据不同的基准，博弈也有不同的分类。一般认为，博弈主要可以分为合作博弈和非合作博弈。它们的区别在于相互发生作用的当事人之间有没有一个具有约束力的协议以便集体行动，如果有，就是合作博弈；如果没有，就是非合作博弈，纳什等博弈论专家研究得更多的是非合作性博弈。

所谓合作博弈是指参与者从自己的利益出发与其他参与者谈判达成协议或形成联盟，其结果对联盟方均有利；而非合作博弈是指参与者在行动选择时无法达成约束性的协议。人们分工与交换的经济活动就是合作博弈。

从行为的时间序列性，博弈论进一步分为两类：静态博弈和动态博弈。静态博弈是指在博弈中，两个参与人同时选择，或不同时选择，但后行动者并不知道先行动者采取什么样的具体行动；动态博弈是指在博弈中，参与人的行动有先后顺序，且后行动者能够观察到先行动者所选择的行动。像棋牌类游戏等决策或行动有先后次序的，就属于动态博弈。

从知识的拥有程度来看，按照参与人对其他参与人的了解程度可以将博弈分为完全信息博弈和不完全信息博弈。信息是博弈论中重要的内容。完全信息博弈指在博弈过程中，参与者对所有参与者的特征、策略空间及策略组合下的收益有"完全的了解"，如果参与人对其他参与人的特征、策略空间及收益信息了解得不够准确，或者不是对所有参与人的特征、策略空间及收益都有准确的信息，在这种情况下进行的博弈就是不完全信息博弈。严格地讲，完全信息博弈是指参与者的策略空间及策略组合下的支付，是博弈中所有参与者的"公共知识"的博弈。对于不完全信息博弈，参与者所做的是努力使自己的期望支付或期望效用最大化。

博弈论还有很多分类，比如：以博弈进行的次数或者持续长短可以分为有限博弈与无限博弈；根据结果导向可以将博弈分为零和博弈与变和博弈；根据拥有信息的情况也可以将博弈分为有限信息博弈与无限信息博弈；等等。

目前经济学家们现在所谈的博弈一般是指非合作博弈，由于合作博弈比非合作博弈复杂，在理论上的成熟度远远不如非合作博弈。非合作博弈又可以被细分，博弈哲学语言也可体现出以下四种博弈分类：完全信息静态博弈、完全信息动态博弈、不完全信息静态博弈和不完全信息动态博弈。与上述四种博弈相对应的均衡概念为：纳什均衡、子博弈精炼纳什均衡、贝叶斯纳什均衡和精炼贝叶斯纳什均衡。策略性博弈对应于完全信息静态博弈，而完全信息动态博弈包括扩展性博弈、重复博弈等；不完全信息静态博弈是以贝叶斯均衡等理论完成对混合策略的重新解释，不完全信息动态博弈是完美贝叶斯均衡为核心概念的信号博弈。

1.1.4 策略博弈

☐ 博弈的初步印象

人与人交往（合作、竞争等）时，他们的行为必然会有**交叉效应**（**cross effect**）。一方的行为会影响另一方的结果，从而影响另一方的行为。双方都意识到这种交叉效应，并且依据这种认识采取行动，这就是博弈。

我们所熟知的博弈一般都是两方的冲突和竞争，比如美国和苏联的军备竞赛、肯尼迪和赫鲁晓夫的古巴导弹危机、费德勒和纳达尔的法网红土赛场、360和QQ的商业口水大战、波音和空中客车在市场与研发上的竞争等。

而事实上竞争或是合作不过是双方关系的一种表象，利益冲突时"黄沙百战穿金甲"，利益均沾时便相逢一笑泯恩仇。孙刘联盟在北拒曹操的时候唇亡齿寒，之后还是会为了一个荆州闹翻了脸。但即使结下了大意失荆州关羽丧命、放火烧连营刘备归天这样的血海深仇，最后还是携手一起走了那么多年。

参与者由于现有的或潜在的利益关系联系到一起，并试图按照自己的意愿，维持或改变这种利益关系产生的互动行为就是博弈。 竞争或是合作、敌对冲突或是言归于好在博弈中并不是那么绝对，当利益关系改变时，双方的角色也会发生改变，博弈并不总是零和的。

☐ 博弈的广泛概念

博弈并不是数学家们草稿纸上演算出来的数学定理，也不是赌博竞赛之类的零和游戏，更不是经济学家的偶然创造。它源于我们的生活经验，涉及政治、商业、教育、人际关系、职业生涯的方方面面。**博弈论**（**game theory**）就是将我们的日常经验原理化。博弈行为是如此广泛，以至于生活中随处可见的博弈行为我们通常都意识不到。

当你清晨打开麦片包装袋时,你不会想到这里也有你和麦片生产商之间的博弈;当你从网上数不清的装修商中筛选出了一家,并雇用它为你装修房子时,你不会意识到你和装修商之间也有博弈;当航空公司的服务员热情地为你办理里程积分时,你压根不会想这是你和航空公司之间的博弈;当你开着银行消费贷款买来的新汽车时,也一定不会去在意和银行之间有博弈。

麦片生产商知道低糖、高钙、独立的小包装会增加某类人的满意度,知道他们会为之多花钱,知道他们会为此放弃其他品牌的普通麦片(尽管便宜又实惠),但不知道他们愿意多花多少钱。这就是一个试探的过程。对于一个给定的价格,消费者根据自己的偏好选择买或是不买;生产商根据众多消费者的反应,作出生产决策,确定价格和产量,同时消费者据此作出购买决策。

这就是一个很普通的策略互动,麦片生产商提供麦片获取收入,消费者付出收入获取麦片和满意,这种利益关系使他们相逢。麦片生产商试图获取更多的利润(经济学中我们叫攫取**消费者剩余**(consumer surplus)),消费者则试图在花给定的钱时获取更多的满意度(满意度可以通过消费者剩余得到体现)。他们的行为具有交叉效应,毕竟羊毛出在羊身上,消费者付出的钱是生产者的收获(顾客不是上帝,而是非自动提款机),生产者付出的麦片也是消费者的收获。双方都试图改变和影响原来的利益关系,这使他们之间产生行为互动。而他们之间的关系,不单纯是竞争或是合作。

你在茫茫人海之中找那个你中意的装修商的时候,装修商也在茫茫人海之中寻找慷慨的你。在此阶段,这个市场还是一个非个人化的市场,但它蕴含巨大的利益关系。在这种利益关系下,总有一天,你和一个装修商脱离了市场被捆绑到一起。在这种双边关系下,装修商希望你尽早付款,而你预见到如果你把钱一次付清了,装修商就会偷工减料,所以希望推迟付款。双方在订立合同的时候必须预见到对方的动机,并据此在合同中写明付款和装修进度的关系。合同便是双方博弈的结果,我们叫它**均衡**(equilibrium)。

你和航空公司走到一起是基于你需要飞机作为交通工具、航空公司需要你付钱坐飞机的这种利益关系。航空公司知道,你选择了它可能只是一次巧合，竞争对手稍低一点的价格或稍好一点的服务马上就会让你离开它。而你心中也在琢磨比较着哪家航空公司给你更低的折扣和更好的服务。航空公司知道多增加一点对你的激励，就多一点留住你的可能，从而多一点从你那里赚钱的机会。所以航空公司的工作人员热情地向你介绍他们的里程积分计划，而你为了积分带给你的小优惠（这种优惠不是在现在，而是在遥远的未来）乖乖就范。

世界上有成千上万的人在为房子、汽车寻求资金，也有许许多多的银行提供贷款。借贷市场不只是一个供求关系决定的市场。工作稳定、收入丰厚、信誉良好的人会更受到银行的青睐从而获得贷款。违约概率随着借款人的变化而变化，因人而异，毕竟发生违约的是借款者个人，而不是借贷市场的整个资金需求方。银行会调查每一位申请者的情况并要求抵押担保，并确定贷款利率；借款者也会尽力来展现自己的信誉以获取贷款和更低的利率；与此同时，银行会意识到这一点，并想方设法识别借款者展现信誉的真实性。

从以上几个例子我们可以看出，博弈不只是冲突，而且是当参与者由于现有的或潜在的利益关系联系到一起时，为自身的利益而采取的行为互动。博弈的核心是双方的行为会维持或改变之前的利益关系。就像我们和麦片生产商、装修商、航空公司、银行之间，因为利益关系而相逢，为自身的利益而博弈，通常我们都会找到一个利益平衡点，得到一个双赢的结局。

1.2 简单的博弈论

1.2.1 同时行动一次博弈

在这种博弈中，参与人或者同时行动，或者每个人的行动是隐藏的，不会被其他参与人提前知道。该情况下，参与人需要根据对其他参与人行为的预测来构建自己的行为策略。这些博弈使用**支付矩阵**（**pay-off matrix**）来分析。

□ 捉迷藏游戏

甲和乙一起玩捉迷藏游戏。甲可以选择两种策略：一是藏在屋子里，二是藏在花园中。乙可以选择去屋子里或是花园中寻找甲。如果乙在正确的地点找到了甲，他赢得 50 元，否则甲将赢得 50 元。

表 1-1 的矩阵从甲的角度描述了这个游戏。矩阵元素中的数字代表获得的钱数。矩阵的第一个元素在第一行第一列，其数值 0 表示甲藏在屋子里而且乙也去屋子里找，甲得到 0 元。矩阵的第二个元素（第一行第二列）为 50，表示甲藏在屋子里，乙去花园中找，这样甲将得到 50 元。矩阵的第二行第一列的 50 表示甲藏在花园中，乙去屋子里找，甲获得 50 元；第二列的 0 表示甲藏在花园里而且乙也去花园里找，甲得到 0 元。

表 1-1 捉迷藏游戏矩阵（1）　　　　　　　　　　　　单位：元

甲的所得		乙	
		去屋子里找	去花园中找
甲	藏在屋子里	0	50
	藏在花园中	50	0

表 1-2 的矩阵从乙的角度描述了这个游戏。矩阵元素中的数字代表获得的钱数。如果甲藏在屋子里而且乙也去屋子里找，乙得到 50 元，但如果乙去花园中找，他将得到 0 元；同样，如果甲藏在花园中而乙去屋子里找，乙将得到 0 元，如果乙去花园中找，他将得到 50 元。

表 1-2 捉迷藏游戏矩阵（2）　　　　　　　　　　　　单位：元

乙的所得		乙	
		去屋子里找	去花园中找
甲	藏在屋子里	50	0
	藏在花园中	0	50

为了分析这个博弈，我们需要将两个人的支付同时表示在同一个矩阵中。表 1-3 的矩阵实现了这个目的。两个人在所有可能的策略下的支付都显示在这

个矩阵中。一般惯例是矩阵每个元素中的第一个数值是该行代表的动作的行为人的支付，第二个数值是该列代表的动作的行为人的支付。因此在矩阵中先写甲的支付。矩阵第一行第一列中 0 是甲的支付，50 是乙的支付。这表示如果甲藏在屋子里而且乙也去屋子里找，那么乙得到 50 元，甲得到 0 元。矩阵第二行第一列表示如果甲藏在花园中而乙去屋子里找，乙将得到 50 元，甲得到 0 元。

表 1-3　捉迷藏游戏矩阵（3）　　　　　　　　　　　单位：元

甲乙所得		乙	
		去屋子里找	去花园中找
甲	藏在屋子里	0，50	50，0
	藏在花园中	50，0	0，50

□　囚徒困境[①]

囚徒困境是一个经典的博弈，已经被无数专家教授分析过，博弈论入门的导论性评论中也一直在讨论它。囚徒困境博弈声名远播，已经超出了学术界的范畴。这并不奇怪，因为可以被描述为"囚徒困境"的战略情景是普遍存在的。它的应用广泛，其中包括寡头勾结，国际贸易和投资、环境问题、工资通胀、公共物品等。

囚徒困境（prisoner's dilemma）是指甲乙二人合伙犯案被警察抓住后，在隔离审讯的情况下，二人可以各自选择缄默或者坦白，所受的惩罚会有以下几种：

➤ 如果两个人都不坦白，会因证据不足而各自被判获刑 1 年；

➤ 如果一个人坦白而另一个人缄默，坦白者作为证人将会免于被起诉，而缄默者会被判获刑 15 年；

➤ 如果两个人都坦白，各自被判获刑 10 年。

从而得到博弈矩阵如表 1-4 所示。

[①] 白波、郭兴文：《博弈：关于策略的 63 个有趣话题》。哈尔滨：哈尔滨出版社，2005 年。

表 1-4　囚徒困境博弈矩阵　　　　　　　　　　　单位：年

所获刑期（甲，乙）		乙	
		坦白	缄默
甲	坦白	10，10	0，15
	缄默	15，0	1，1

那么这两个人会怎样做呢？是选择合作还是背叛？表面上来讲，他们应该互相合作，保持缄默，各自获刑 1 年。但由于是同时行动一次博弈，他们不得不考虑对方可能采取的选择，甲乙都会做出如下的推理：

> 如果对方不坦白，我只要一坦白，便可不受刑事惩罚，而和对方一样招供，便要获刑 1 年，显然是坦白比缄默好；

> 如果对方坦白，我不坦白，要获刑 15 年，如果坦白，只要获刑 10 年，显然是坦白比缄默好。

所以不管对方是坦白还是不坦白，我的最佳选择只会是坦白——两个人都会基于这样的想法而选择坦白，这是他们个体的最佳选择，但就整体而言却是一个最坏的结果。

同时行动一次博弈中，利益各方往往会站在个体最佳立场来选择行动方式，但对于整体的效果，有时并非是最佳的。

□　三个快枪手的对决[①]

在多方同时行动一次博弈中，结果往往也出乎意料，最终哪一方会获胜，不仅取决于他的实力，更取决于实力对比造成的行动方式选择。

有三个枪手要进行一场生死决斗，枪手 A 枪法精准，十发八中；枪手 B 枪法平庸，十发六中；枪手 C 枪法拙劣，十发四中。假如三人同时选择向一个人开枪，那么谁活下来的概率最大呢？很多人会以为是枪手 A，其实最可能活下来的是枪手 C。

三个枪手各自的想法是：

[①] 白波、郭兴文：《博弈：关于策略的 63 个有趣话题》，哈尔滨：哈尔滨出版社，2005。

> 枪手A：一定要对B开枪，此人枪法命中率是除自己以外最高的，最对自己构成威胁；
> 枪手B：一定要对A开枪，因为把A干掉后，自己和弱势的C对决，胜算会更大；
> 枪手C：一定要对A开枪，因为B毕竟比A命中率要低，这样在下一轮中，自己与B对决，胜算稍大。

所以在一轮对决下来，A能活下来的概率是（1－60%）×（1－40%）＝24%，B能活下来的概率是1－80%＝20%，而C能活下来的概率是100%。

□ 旅行者困境

两位旅行者从一个以出产细瓷花瓶的地方旅行回来，各买了一个花瓶。提取行李的时候，他们发现花瓶被摔坏了，于是向航空公司索赔。航空公司知道花瓶的价格在80—90元浮动，但是不知道两位旅客买时的确切价格是多少。于是，航空公司请两位旅客写下花瓶的价格（100元以内）。如果两人写的价格一样，航空公司将认为他们讲真话，按照他们写的数额赔偿；如果两人写的价格不一样，航空公司就认定写得低的旅客讲的是真话，并且原则上照这个低的价格赔偿，但是给讲真话的旅客奖励2元，向讲假话的旅客罚款2元。

就为了获取最大赔偿而言，本来甲乙双方最好的策略就是都写100元，这样两人都能够获赔100元。可是甲很聪明，他想："如果我少写1元变成99元，而乙会写100元，这样我将得到101元。何乐而不为？"所以他准备写99元。可是乙也很聪明，他算计到甲要他写99元，他准备写98元。想不到甲还要更聪明，计算出乙要写98元，他准备写97元……大家知道，下象棋的时候要多"看"几步，"看"得越远，胜算越大。你多看两步，我比你更强，多看三步；你多看四步，我比你更老谋深算，多看五步。在花瓶索赔的例子中，如果两个人都"彻底理性"，都能看透十几步甚至几十步上百步，那么上面那样"精明比赛"的结果，最后落到每个人都只写一两元的田地。事实上，在彻底理性的假设之下，这个博弈唯一的纳什均衡，是两人都写0。

这就是哈佛大学的考希克·巴苏（Kaushik Basu）教授提出的著名的"旅行者困境"的示例。一方面，它启示人们在为私利考虑时不要太"精明"，精明不等于高明，太精明往往会坏事；但是另一方面，它对于理性行为假设的适用性提出了警告。

□ 酒馆老板的博弈①

在这个博弈中，参与人是国王酒馆老板和王后酒馆老板。两个老板同时在考虑给自己卖的优质啤酒降价。每个老板可以选择降价或者不降价。如果有一方降价而另一方不降价，降价的老板会损失一些收益，但能够吸引另一个老板的一部分顾客过来。新增的顾客带来的收益要大于通过降价产生的利润损失。但如果两个老板都降价，双方都不能吸引另一方的顾客，并且双方的收益都会减少。如果两个老板都不降价，王后酒馆老板一周的利润是7 000元，国王酒馆老板一周的利润是8 000元。表1-5是这个博弈的支付矩阵，数字代表双方的周利润，单位是1千元。

表1-5 酒馆老板的博弈矩阵　　　　　　　　　　　　　　单位：千元

双方的利润（王后酒馆老板，国王酒馆老板）		国王酒馆老板	
		降价	不降价
王后酒馆老板	降价	10，14	18，6
	不降价	4，20	7，8

根据上文提到的惯例，在这个博弈中，王后酒馆老板的利润写在前面，国王酒馆老板的写在后面。支付矩阵说明如果王后酒馆老板降价，当国王酒馆老板也降价时的支付是10（即10 000元），当国王酒馆老板不降价时利润是18（即18 000元）。类似地，当国王酒馆老板采取降价，当王后酒馆老板降价时的利润是14（即14 000元），王后酒馆老板不降价时的利润是20（即20 000元）。

---

① Fiona Camichael, *A Guide to Game Theory*. Prentice Hall, 2005.

□ 点球博弈[1]

在这个博弈中，两个参与人分别是罚点球的前锋和守点球的守门员。我们假设足球比赛只剩下最后一分钟，目前的比分是 1∶1。如果前锋罚进球，他们的队伍会取得胜利，前锋会获得荣誉；如果守门员成功守住这至关重要的一球，也会获得无上荣誉。这一次两个参与人的支付无法用金钱来衡量，因为获得的荣誉不能量化，所以使用满意度或效用来衡量支付最合适。

我们假设如果前锋没有罚进球，他的满意度为 0，如果他罚进球，守门员的满意度为 0，显然这是为了简化问题，这些数值只是对他们满意度的主观表示，参与人的支付并不能直接比较。

为了构造出这个博弈的支付矩阵，我们需要再作出一些假设。首先我们假设前锋总是能够把球踢到自己想要的位置，因此比赛结局或是前锋罚进球，或是守门员守住球。为了简化参与人的策略，我们假设前锋只能有将球射向左边、右边或中间三种选择。同样守门员也只有三种策略：守左边、右边或中间。如果守门员的移动位置和前锋罚球的方向相同，守门员就会守住球，否则前锋就会进球。有了前面对支付的设定和这些假设，我们就可以作出这个博弈的支付矩阵（见表 1-6）。

表 1-6 点球博弈矩阵

满意度（前锋，守门员）		守门员		
		左边	中间	右边
前锋	左边	0, 10	10, 0	10, 0
	中间	10, 0	0, 10	10, 0
	右边	10, 0	10, 0	0, 10

注意在矩阵中每个方块中两个数字之和都为 10，因为如果一方的支付为 10，则另一方的支付一定为 0。所以这里的参与人的利益，以及在捉迷藏游戏中甲乙之间的利益是完全对立的（相应的常数和为 50）。在这些博弈中两个参

---

[1] Fiona Camichael, *A Guide to Game Theory*. Prentice Hall, 2005.

与人一方是赢家另一方就是输家。这种博弈叫**常和博弈**（constant-sum game）。如果常数和为0，这样的博弈叫零和博弈。事实上所有的常和博弈通过同时将两个参与人的支付都减去该博弈的常数和的一半，就都变成了零和博弈。所有的常和博弈（包括零和博弈）都是**纯对冲博弈**（pure conflict game），但是不是所有的纯对冲博弈都是常和博弈。纯对冲博弈的结果有时很难预料。

在点球博弈中，选择左边、右边或是中间，是前锋和守门员的**纯策略**（pure strategy）。如果前锋决定把球踢向左边，这就意味着他选择了一个纯策略。如果他随机选择纯策略，例如在踢球之前投掷一枚骰子，如果骰子是1或2朝上，则向左边踢球；如果3或4朝上，向右边踢球；否则向中间踢球。这样前锋的三种纯策略被选择的概率均为1/3。我们将其表达成（1/3，左边；1/3，右边；1/3，中间）。这种将纯策略以一定概率组合选择的策略称为混合策略。混合策略在纯对冲博弈会非常有用，例如点球博弈中参与人不想让其他参与人预测到自己采取的行动，就会采用混合策略。

1.2.2 无限重复博弈

参与人只玩一次的博弈被称为**不可重复博弈**（unrepeated game）。相同的参与人重复玩多次的博弈被称为**重复博弈**（repeated game）。对于无限重复博弈，参与人都相信博弈没有尽头。对于不确定次重复博弈，参与人知道博弈次数是有限的，但不知道何时会结束，因此他们相信博弈可能会再重复一次或者再进行一轮。

□ 重复囚徒困境的游戏[1]

无限重复博弈的目的是研究在无限次数的"对局游戏"中，人为什么要合作，什么时候是合作的，什么时候又是不合作的，以及如何使别人与自己合作。

---

[1] 白波、郭兴文：《博弈：关于策略的63个有趣话题》，哈尔滨：哈尔滨出版社，2005。

假设在一个游戏中，如果双方选择合作，双方都能得到较好的结果，即"对双方合作的奖励"为 3 分；如果其中一方背叛，那么背叛者因为占了对方的便宜，因此获得 5 分，而合作者只能得到 0 分；如果双方都选择背叛，各自获得 1 分。我们设想有甲、乙在此游戏中博弈，所有可能的结果如表 1-7 所示。

表 1-7　单次游戏博弈矩阵

得分（甲，乙）		乙	
		合作	背叛
甲	合作	3，3	0，5
	背叛	5，0	1，1

表面上看来，对双方来说最好的选择是合作，因为整体得分最高，为 6 分，大于一方合作另一方背叛的 5 分，以及双方都背叛的 2 分。对于个体而言，最大的利益是得分 5 分，但如果在多人间进行，而且次数未知，对策者就会意识到，当持续的采取合作并达成默契时，游戏者就能持续得到 3 分，这是表面上看来比较理想的结果；如果持续的各方背叛，每个人永远只能得到 1 分。因此，就整个程序而言，双方不可能得到最高的 6 分，合作成了这个游戏的最优策略。

在所有的策略中，结果最好的是被称为"一报还一报"（tit for tat）的策略——相机策略（contingent strategy），即第一次对局采取合作的策略，以后每一步都跟随对方上一次的策略，你上一次合作，我这一次就合作；你上一次背叛，那我这一次也选择背叛。

假设某人的策略是：第一次合作，以后只要对方背叛一次，就永不合作。对于这种策略，对方选择合作方为上策；假设某人不管对方采取什么策略，他总是选择合作，那么总是对他采取不合作策略的得分最多；对于总是不合作的人，也只能采取不合作的策略。为何这个简单的"一报还一报"的策略是最优的呢？以下是此策略稳定成功的原因：

➢ **清晰性**　以牙还牙，以眼还眼，以合作还合作，以背叛还背叛，使它容易被对方理解,从而引出长期的合作关系。
- **善良性** 这种策略一开始便以善意与对方合作,也绝不会先背叛对方,这可以防止它陷入不必要的麻烦。
- **报复性** 如果对方背叛,下一次自己一定会如法炮制,自动施以报复,绝不原谅,报复性使得对方试着背叛一次后就再也不敢背叛。
- **宽容性** 如果对方又主动恢复合作,要立刻与对方言和,既往不咎,有助于重新恢复合作。

1.2.3 有限重复博弈

对于有限重复博弈,参与人博弈的次数是固定的,博弈总会结束。如果存在最终博弈,那么我们可以使用逆向归纳法来预测可能的结果。

□ 囚徒困境的有限次博弈

假设甲乙两家企业寡头垄断了一种商品市场,开始时彼此合作,双方都实行高价,各自获得6万元的利润,但一周后企业乙背叛合作,采取低价,将利润从6万元增加到8万元,此后企业甲也采取了低价策略,从此双方的利润降为5万元,它们之间的博弈如表1-8所示。

表1-8 寡头企业单次博弈矩阵   单位:万元

利润(企业甲,企业乙)		企业乙	
		低价	高价
企业甲	低价	5,5	8,3
	高价	3,8	6,6

企业乙在背叛的当期将获得额外的2万元利润,可是在往后的每周都会损失1万元。

在有限次重复博弈中,如果两个企业的互动关系只有两次,那么利用倒推法,双方都知道第二次博弈是最后一次,以后也不会有遭到报复的可能性,因此,双方都会选择降价,背叛合作以获得额外的2万元利润。在第一次博弈中,双方都会想到下个阶段对方会背叛自己,则会损失3万元,那么不如自己在第一阶段就背叛合作来获取额外的 2 万元，因此，双方在第一个阶段都会采取低价策略，博弈的结果和仅有一次囚徒博弈的结果是一样的。

由此表明，如果**纳什均衡**（Nash equilibrium，即在给定别人策略的情况下，没有人有足够的理由打破这种均衡）是唯一的，只要重复博弈的次数有限，重复本身不会对均衡的结果有影响。但是，如果纳什均衡不是唯一的，那么上述结论就不一定会成立，当阶段博弈有多个纳什均衡时，参与人可以使用不同的纳什均衡惩罚第一阶段的不合作行为或者奖励第一阶段的合作行为。

在纳什均衡中，参与者选择的是对于对手给定策略的最佳策略，即不一定非得是对于对手任何其他策略的最佳策略，在这种纳什均衡中，没有参与者再有动机选择非纳什均衡策略。

让我们看一个例子来理解纳什均衡的概念。这个例子称作电脑营销大战，如表 1-9 的矩阵所示。参与者是两家正准备展开大规模报纸广告促销的电脑公司，它们各自秘密计划并准备同时开展活动，有三种策略可供选择：降价、赠送打印机、延长保修期，收益矩阵代表各自的预期利润。数字表示能够带给公司的效用。结果显示，A 公司最好选择和 B 公司不同的策略，除非 B 公司选择了延长保修期，这时 A 公司也得选择延长保修期，而 B 公司选择跟随 A 公司则是最佳策略。

表 1-9 电脑公司-纳什均衡矩阵

利润（A 公司，B 公司）		B 公司		
		降价	赠送打印机	延长保修期
A 公司	降价	0, 4	4, 0	5, 3
	赠送打印机	4, 0	0, 4	5, 3
	延长保修期	3, 5	3, 5	6, 6

要找到纳什均衡，我们需要分辨出每个参与者对于其他人的最佳反应。我们可以先找到 A 对于 B 三个可能策略的最佳反应，然后找到 B 的，这样如果碰巧存在一对策略组合对于彼此都是最佳反应的话，那么这就是纳什均衡。

听起来有点复杂，但其实只要找到最佳策略，发现纳什均衡就几乎一目了然了，难点主要在于寻找各自的最佳反应，这里我们使用的方法就是用下划线标记出对于对手某个策略的最佳反应，并称这些最佳反应的报酬支付为最佳反应报酬支付，这样做之后就会发现那些两人的报酬支付都用下划线标记的格子就是纳什均衡。

还是用上面那个例子，对于 A 公司而言，若 B 公司选择降价，A 公司就最好选择赠送打印机，此时的报酬支付 4 大于延长保修期的 3 和降价的 0，所以我们就在第一列的中间一行 4 下画线；若 B 公司选择赠送打印机，那么 A 公司就最好降价，因此又在第二列第一行 4 下画线；如果 B 公司选择延长保修期，那么 A 公司最好也延长保修期，所以又在最后一列的最下一行 6 下画线，如表 1-10 的矩阵所示。

表 1-10 最佳均衡的矩阵（1）

利润（A 公司，B 公司）		B 公司		
		降价	赠送打印机	延长保修期
A 公司	降价	0, 4	<u>4</u>, 0	5, 3
	赠送打印机	<u>4</u>, 0	0, 4	5, 3
	延长保修期	3, 5	3, 5	<u>6</u>, 6

同理，对于 B 公司来说，如果 A 公司选择降价，那么 B 公司就应跟着选择降价，所以在第一行第一列的 4 下画线；如果 A 公司选择赠送打印机，那么 B 公司也最好选择赠送打印机，所以在第二行第二列的 4 下画线；类似地，再在第三行第三列的 6 下画线，如表 1-11 的矩阵所示。

表 1-11 最佳均衡的矩阵（2）

利润（A 公司，B 公司）		B 公司		
		降价	赠送打印机	延长保修期
A 公司	降价	0, <u>4</u>	4, 0	5, 3
	赠送打印机	4, 0	0, <u>4</u>	5, 3
	延长保修期	3, 5	3, 5	6, <u>6</u>

上面两个矩阵中，双方的最佳反应已经画了下划线，都画了下划线的是

阴影的第三行第三列，报酬支付（6，6）意味着如果 A 选择延长保修期，那么 B 也最好延长保修期，如果 B 延长保修期，那么 A 也最好延长保修期，由于各自都是对于对方的最佳反应，因此此处的纳什均衡就是｛延长保修期，延长保修期｝，如表 1-12 的矩阵所示。

表 1-12　最佳均衡的矩阵（3）

利润（A 公司，B 公司）		B 公司		
		降价	赠送打印机	延长保修期
A 公司	降价	0，4	4，0	5，3
	赠送打印机	4，0	0，4	5，3
	延长保修期	3，5	3，5	6，6

1.2.4　序贯行动博弈

在这个博弈中，参与人按照一定的顺序作出行动。这意味着一个参与人首先作出行动，其他参与人看到第一个参与人选择的策略后作出自己的行动。用一些例子来说明：

Ⅰ．一家公司想要进入一个新的市场，如果进入，该市场现有公司会开展价格战。

Ⅱ．国际象棋。

Ⅲ．屋子的买卖双方接连报出买价和卖价。

Ⅳ．大型公司 Apex 在考虑是否开展一次昂贵的广告宣传活动，随后其对手公司 Convex 也会有相同的考虑。

Ⅴ．一个国家的领导人计划入侵另一个国家。

Ⅵ．一位电影明星正在决定是否要控告一家媒体。

Ⅶ．一块土地的所有者立起告示威胁土地侵入者。

这些例子说明参与人的行动顺序是很重要的，在分析这种博弈时需要将其考虑进去。使用支付矩阵并不便于处理这种行动顺序，因此在处理序贯行动博弈时经常使用**博弈树**（game tree）或博弈的**扩展式**（extensive fors）。

在博弈 IV 中①，两家公司 Apex 和 Convex 选择是否开展广告宣传。Apex 公司率先行动，但其效果好坏与否取决于 Convex 公司接下来的行动。如图 1-1 所示，A、C_1 和 C_2 代表博弈中的决策点。Apex 的两种选择用从决策点 A 出发的两条线表示。Apex 位于 A 点首先行动，A 是该博弈树的第一个决策点，即位于该点上的参与人首先作出行动。Apex 公司从开展宣传和不开展宣传两者中选择。无论 Apex 公司作出何种选择，Convex 公司都会知道 Apex 的行动并作出反应。如果 Apex 公司开展宣传，博弈树从 A 点移动到 C_1 点，在该点上，Convex 公司已知 Apex 公司开展了广告宣传，它再决定自己是否也要开展宣传。

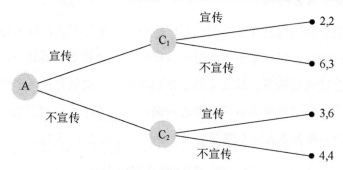

图 1-1 Apex 公司和 Convex 公司的博弈树

在 C_1 点，Convex 公司可以作出激进的策略：开展宣传；也可以作出被动的策略：不开展宣传。如果 Apex 公司决定不宣传，则博弈树从 A 点移动到 C_2 点，在该点 Convex 公司同样面临开展宣传和不开展宣传两个选择。

参与人的支付用公司的利润表示，单位以 1 千欧元计，支付被标注在图 1-1 中博弈树的终止节点的右边，Apex 公司的支付写在前面。一般惯例是支付按照参与人行动的先后来排列，也就是谁先行动先写谁的支付。而且支付总是写在博弈树的终止节点的右边，终止节点代表博弈的结束。在这个博弈中，Apex 公司的支付不仅与自己作出的选择有关，还取决于 Convex 公司的选择，Convex 公司也一样，其支付与两个公司的行动都有关系。无论 Apex 公司如何选择，如果 Convex 公司采取激进的策略，开展广告宣传，Apex 公司的支

---

① Fiona Camichael, *A Guide to Game Theory*. Prentice Hall, 2005.

付相对于 Convex 公司不开展宣传要低。如果 Apex 公司开展了宣传，Convex 公司也要宣传的话，就会令两家公司陷入广告战，Convex 公司的支付也会降低。如果 Apex 公司不宣传而 Convex 公司开展宣传的话，Convex 公司就会得到较大收益。这些结果都通过博弈树右侧的支付来显示：当 Apex 公司决定开展宣传时，如果 Convex 公司也开展宣传，两家公司的支付都是 2；如果 Convex 公司选择不宣传，两家公司的境遇都会变好——Apex 公司的支付变成 6，Convex 公司的支付是 3。

▫ 退休储蓄的例子[①]

在福利社会如西欧和北美的一些国家中，虽然每个人都口头称赞储蓄是一个不错的想法，但现实中很少有人这样做，不愿储蓄的部分原因是他们知道社会不会让他们挨饿，社会会给予他们救助。这里就存在一个两代人之间的博弈。我们假设老年人有两个备选策略：储蓄与挥霍；相应地，年轻人也有两个选择：赡养老人与不赡养老人。收益矩阵如表 1-13 所示。

表 1-13　储蓄问题单次博弈矩阵

收益（老年人，年轻人）		年轻人	
		赡养老人	不赡养老人
老年人	储蓄	3，-1	1，1
	挥霍	2，-1	-2，-2

➤ 如果老年人储蓄，并且年轻人赡养老人，那么老年人的收益为 3，年轻人的收益为 -1；

➤ 如果老年人挥霍，年轻人赡养老人，老年人的收益为 2，年轻人的收益为 -1；

➤ 如果老年人储蓄，年轻人不赡养老人，那么老年人的收益为 1，年轻人的收益为 1；

➤ 如果老年人挥霍，年轻人不赡养老年人，那么老年人因为挨饿而收

[①] 哈尔·罗纳德·范里安著，费方域等译：《微观经济学：现代观点（第 6 版）》，上海：上海人民出版社，2006。

益为-2，年轻人因必须探视照顾而获得收益-2。

不难发现，这个博弈中存在一个纳什均衡。如果老年人储蓄，那么，年轻人的最优策略是选择不赡养老人；如果给定年轻人不会赡养老人，则老年人的最优策略为储蓄。

然而，这个例子的特别之处在于其多阶段性，老年人在年轻时决定是否储蓄，而多年后年轻人所面临的是其既定选择下的博弈树，老年人具有先动优势（见图1-2）。

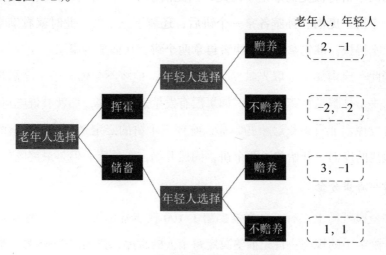

图1-2 储蓄问题两阶段博弈树

那么我们来看老年人最初决定是储蓄还是挥霍的时刻。老年人储蓄，那么将来年轻人不会赡养他们，老年人的最终收益为1；如果老年人挥霍，那么年轻人将来会赡养他们，那么老年人的收益为2。因此，老年人的明智选择是挥霍，因为他们清楚，将来一定会有年轻人的赡养。由此，大多数发达国家都有一套类似于美国的社会保障计划，强迫每一代人都进行退休储蓄。

□ 饼智谋

有一天，鬼谷子想试一试两个徒弟孙膑与庞涓的智力。鬼谷子拿出五个饼放在桌上，说："每人一次最多拿两个饼，并且拿的饼全部吃完后才能再拿。"鬼谷子说完后，庞涓就急切地拿了两个饼，而孙膑从容地拿了一个饼吃起来。庞涓的两个饼还没有吃完，孙膑已经吃完一个饼，第二次拿了两个饼，此时桌上已经没有饼了。最后，孙膑吃了三个饼，而庞涓吃了两个饼。

这也是一个动态博弈，一个人先行动，另外的行动者观察到先行动者的行动后进行行动。

假如庞涓先拿，他有获胜的策略吗？如果他先拿两个饼，他肯定是输家。因此，如果庞涓先拿饼，他最好的策略是只拿一个。

当庞涓拿了一个饼之后，孙膑如果拿两个饼，孙膑必定成为输家，因为剩下的两个饼将被庞涓拿走。因此，当庞涓拿了一个饼后，孙膑的策略只能是拿一个饼。庞涓、孙膑各拿一个饼后，还剩下三个饼。此时就看谁吃得快了：谁吃得快，谁先拿，此时快者再拿两个饼，从而成为赢家。

因此，庞涓如果采取先拿一个饼的策略，他将不会输。至于庞涓是否能赢，取决于孙膑是否选择错误。如果没有发生选择错误，那就看谁吃得快了。

假设庞涓能看得长远一些，那么吃掉三个饼的必定是他。很不幸的是，目光短浅的庞涓一开始拿了两个饼，固然开始占了便宜，但是最终吃了亏。

□ 海盗分金

在一座荒岛上，有5个强盗掘出了100枚非常珍贵的金币。他们商定了一个分配金币的规则：首先抽签决定每个人的次序，排列成1—5号。然后由1号先提出分配方案，经5人表决，如多数人同意，方案就被通过，否则1号将被扔入大海喂鲨鱼。如果1号被扔入大海，就由2号接着提出分配方案，如多数人同意方案就被通过，否则2号也要被扔入大海。以下依次类推。假定每个强盗都足够聪明，都能做出理性的选择，那么，1号提出什么样的分配方案，能够使自己得到最大的收益？

对于这个问题，要采用反方向推导方法：

如果1—3号都喂了鲨鱼，只剩4号和5号的话，5号一定投反对票让4号喂鲨鱼，以独吞全部金币。所以，4号唯有支持3号才能保命。

3号知道这一点，就会提出"100, 0, 0"的分配方案，对4号、5号一毛不拔而将全部金币归为己有，因为他知道4号一无所获但还是会投赞成票，再加上自己一票，他的方案即可通过。

不过，2号推知3号的方案，就会提出"98，0，1，1"的方案，即放弃3号，而给予4号和5号各一枚金币。由于该方案对于4号和5号来说比在3号分配时更为有利，他们将支持2号不希望他出局而由3号来分配。这样，2号将拿走98枚金币。

同样，2号的方案也会被1号所洞悉，1号将提出（97，0，1，2，0）或（97，0，1，0，2）的方案，即放弃2号，而给3号一枚金币，同时给4号（或5号）2枚金币。由于1号的这一方案对于3号和4号（或5号）来说，相比2号分配时更优，他们将投1号的赞成票，再加上1号自己的票，1号的方案可获通过，97枚金币可轻松落入囊中。这无疑是1号能够获取最大收益的方案了！

答案是：1号分给3号1枚金币，分给4号或5号2枚，自己独得97枚。分配方案可写成（97，0，1，2，0）或（97，0，1，0，2）。

1号看起来最有可能喂鲨鱼，但他牢牢地把握住先发优势，结果不但消除了死亡威胁，还获得的收益最大。而5号，看起来最安全，没有死亡的威胁，甚至还能坐收渔人之利，却因不得不看别人脸色行事而只能分得一小杯羹。

在这个博弈中，任何分配者想让自己的方案获得通过的关键是，事先考虑清楚挑战者的分配方案是什么，并用最小的代价获取最大收益，拉拢挑战者分配方案中最不得益的人们。

第二部分
冲突合作

第 2 章
简单的定价策略

本章关注博弈的基础行为：定价。2.1 节主要介绍了博弈中主要关注的几种定价环境：垄断、寡头垄断与垄断竞争；2.2 节具体阐述了两部定价、捆绑定价、高峰定价、交叉补贴定价四种重要的定价策略。

2.1 基本定价规则

2.1.1 垄断定价

□ 经典案例：微软公司的垄断[①]

微软公司无疑是全球最有影响力的 IT 公司。2000 年，在美国反微软垄断诉讼中，微软公司被指控通过反竞争行为维持垄断，企图垄断浏览器市场和将其浏览器与操作系统捆绑。欧盟已经将微软的捆绑销售判定为垄断。从 1992 年到 2001 年，在其他产品价格下滑的同时，微软公司的操作系统和应用程序的价格反而上升，可见微软在市场中的定价能力以及操控价格的能力。客户没有选择和讨价还价的余地。在中国，微软利用其垄断地位在操作系统中捆绑推广即时聊天工具 MSN，对包括网易泡泡在内的竞争对手形成压力，损害了市场中其他公司的发展和正当竞争。

□ 经典案例：国家电网公司的垄断[②]

国家电网公司是在原国家电力公司部分企事业单位基础上组建的经营输

---

① 综合整理自互联网。
② 同上。

电、变电、配电等电网资产的特大型企业，是经国务院同意进行国家授权投资的机构和国家控股公司的试点。在2000年开始的以"厂网分离"为标志的电力体制改革后，原国家电力公司中剥离出的电力传输、配电等电网业务由国家电网公司运行，而各发电厂被划归分属五大"发电集团"（大唐、中电投、国电、华电、华能）运行。电力对于国家非常重要，电力市场的垄断是由于国家政策所致。

□ 垄断分类

垄断（monopoly）分为**自然垄断**（natural monopoly）、**经济垄断**（economic monopoly）和**行政垄断**（administrative monopoly）三类。自然垄断一般与**规模经济**（economies of scale）紧密相连，在一定产出范围内，企业生产规模越大，单位产品的成本就越小。例如有网络性经营特点的行业，如电、自来水、煤气、电话等。经济垄断是指依靠经济实力、专利、市场经营策略等取得的垄断地位，是技术进步和竞争的产物。行政垄断是指企业采用或者借助非市场手段实现的垄断，包括地区封锁、限定交易、指定专营等。大多数垄断都属于地方性垄断。在垄断市场中，一个企业对特定产品的产量价格等变量有足够的控制能力。与完全竞争市场不同的是，垄断企业具有定价能力。市场的需求曲线就是对该企业产品的需求曲线。

□ 关键启示

（1）垄断的来源有规模经济、专利、其他法律壁垒等。

（2）在垄断市场中，企业不是价格接受者，而是价格制定者。但企业能卖出多少产品是由产品售价决定的。产品价格高则消费需求就少，反之亦然。所以定价过高或者过低都不合适，企业会选择使得自己利润最大化的产量。

（3）垄断市场最佳定价的策略：

边际成本（marginal cost）＝边际收益（marginal revenue）

（4）垄断的利与弊：垄断市场中，企业完全可以控制产品的生产和供应量，避免了重复建设以及浪费，企业获得的垄断利润利于进一步的研发和建设。如比尔·盖茨曾就微软反垄断案在法庭上表示，反垄断制裁将会伤害微软,并将使 Windows 操作系统倒退 10 年。但垄断者确定产量的唯一标准是利润最大化,其始终控制住该种垄断产品的供应量,使得社会福利受到损失。在现实中,垄断的利与弊仍备受争议。

2.1.2 寡头垄断

中国电信行业重组前,中国移动和中国联通是双寡头竞争,中国电信行业重组之后,市场上现有中国移动、中国联通和中国电信三巨头。其中中国移动市场份额最大,而中国电信在重组之后势头最猛。中国电信市场是典型的寡头竞争市场。

寡头垄断(oligopoly)是一种由少数卖方主导市场的现象。它的基本特征是市场上存在的厂商数目少并且占据大多数市场份额。而一个厂商的行为会影响到其竞争者的行为,进而影响整个市场。因此每个寡头在决定自身策略时,都需要考虑对手的反应和策略。

双寡头垄断是指市场上只有两个厂商,例如波音和空中客车。三头垄断是指市场中有三个厂商,例如中国电信市场。寡头垄断市场存在明显的进入障碍,厂商生产的产品可以是差异化的,也可以是同质的。寡头垄断市场需要考虑博弈,因为一个厂商的行为会影响对手的利润,对手的行为也会反过来对自己产生影响。古诺模型(Cournot duopoly model)是双寡头垄断的一个模型,给定市场的需求曲线,双寡头的均衡产量只有一种组合(Q_1,Q_2)。均衡产量的意思是,给定厂商 1 的产量 Q_1,那么厂商 2 的利润最大化产量为 Q_2,同样,如果给定厂商 2 的产量 Q_2,则厂商 1 的利润最大化产量为 Q_1。这是一种均衡状态。

□ 经典案例:波音和空中客车的双寡头垄断[①]

全球民用飞机制造市场处于美国波音和欧洲空中客车的双寡头垄断之下,两家公司共占 80% 以上的市场份额。因为燃料效率等经济指标和飞行距

---

① 综合整理自互联网。

离产生的技术壁垒，使得单通道喷气飞机成为市场的宠儿，而波音 737 和空中客车 320 是主要的两大系列，平分秋色、垄断市场。而在其他机型类别中，两家公司也都形成了类似的竞争。从 2004—2013 年的数据看，两家公司的市场份额旗鼓相当，如图 2-1 所示。

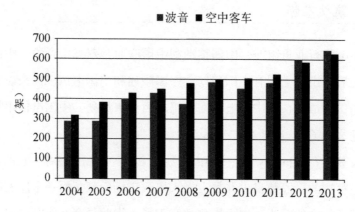

图 2-1　波音和空中客车飞机交付量统计图（2004—2013）

2.1.3　垄断竞争

20 世纪 30 年代中期的"张伯伦革命"有一个重要贡献——摒弃了以马歇尔为代表的新古典经济学长期以来把"完全竞争"作为普遍情况，从而把垄断看作个别例外情况的传统假定，而是提出：在现实中"完全竞争"与"完全垄断"都是极端的情况，是特例，"中间的"状态（垄断竞争和寡头垄断）是常态[①]。

垄断竞争（monopolistic competition）是指许多厂商生产并出售相近但不同质商品的市场现象。垄断竞争市场中有较多的生产者和消费者，但消费者的偏好不同，市场中厂商提供的商品和服务是"非同质"的，市场的进入壁垒较低。

垄断竞争是现实中常见的一种市场结构，因此它的假定比完全竞争市场

---

① 〔美〕爱德华·张伯伦著，周文译：《垄断竞争理论》，北京：华夏出版社，2009。

的产品同质性更符合现实。在现实中，大多数市场中的产品由于品牌、质量等原因不具有同质性。例如，肥皂、洗发水、毛巾、服装等日用品，餐馆、旅馆、商店等服务业，牛奶、火腿等食品……的市场大都属于垄断竞争市场。

☐ 知识链接："张伯伦革命"[①]

当资本主义进入垄断阶段之后，经济学理论已无法对其进行解释，现实世界中的普遍垄断现象开始引起经济学家的关注。从19世纪初的西斯蒙第、穆勒、麦克库洛赫，到19世纪末和20世纪初的马歇尔、古诺、埃奇沃思、西奇威克，尤其是庇古和斯拉法，他们对垄断理论和市场的不完全性作了大量的研究。但问题在于，他们始终沿袭着"斯密传统"，即将自由竞争作为普遍现象，而把垄断作为例外，来构造他们的理论框架。

一直到20世纪30年代中期，美国哈佛大学的张伯伦和英国剑桥大学的罗宾逊夫人分别出版了《垄断竞争理论》与《不完全竞争经济学》，才正式宣告"斯密传统"的彻底结束。他们认为，实际的市场既不是竞争的，也不是垄断的，而是这两种因素的混合。在他们看来，许多市场价格都既具有竞争因素，又具有垄断因素。因此，企业家心目中没有纯粹竞争，只有垄断竞争的概念。资本主义市场的整个价格制度，是由纯粹竞争市场、垄断市场以及由垄断和竞争力量相混合的各种市场上的价格关系组成的。

☐ 垄断竞争的定价

由于垄断竞争环境下的产品是差异化的，每个厂商所提供产品的需求曲线都是向下的，即价格越高则市场需求越少。消费者把差异化产品看作近似的替代品，存在一定的替代意愿。当一个企业产品的价格提高时，消费者消费其他替代商品的意愿就会增加。

由于垄断竞争市场是自由进出的，在长期，厂商将和完全竞争市场中的情况一样，只要经济利润为正，就会有厂家继续进入市场，创造新品牌抢占市场份额。产品具有替代性，因此原有产品的需求曲线不断左移，长期中厂

[①] 综合整理自互联网。

商的经济利润为零。

在垄断竞争市场中的企业，情况与垄断有相似之处：厂商具有一定的定价能力，销售的产品数量取决于产品的定价。但在垄断竞争市场中，厂商对市场的操控能力不强，市场中其他品牌的存在使得厂商面临的需求比垄断情况下更具有弹性，即当产品价格提高相同的幅度时，对产品的需求减少得更多。市场中的自由进出也会影响盈利能力。

垄断竞争与垄断相比，所提供的产品更加丰富。垄断竞争市场上的产量要高于完全垄断市场，价格却要低。特别是垄断竞争有利于鼓励创新。但由于其价格大于边际成本，还是会有部分社会福利流失。对于企业管理者来说，长期竞争激烈，经济利润逐渐归零。

现实生活中，广告的狂轰滥炸对我们每个人来说习以为常。在黄金时间打开电视，你就会观察到饮料、化妆品、零食这些类型的产品广告做得较多，这些快速消费品行业一般把收入的10%—20%投放于广告。而其共通点在于这些行业都是典型的垄断竞争结构：我们很难想象生产玉米或者火箭发动机的企业会花大钱请明星作为产品代言人，因为这些产品要么是标准化的，要么被一两家企业完全垄断，没必要做广告。

□ 经典案例：宝洁、汉高、高露洁等在日化市场垄断竞争遭遇反垄断案调查[①]

2011年12月，宝洁、汉高及高露洁棕榄因在法国进行洗衣粉价格操控，被处以3.61亿欧元的罚款。彼时，法国反垄断机构透露，宝洁、汉高以及高露洁三个日用消费品巨头在1997—2004年间就共同向零售商提供的产品定价范围和促销活动达成协议，以限制竞争，稳固自身的市场地位，而价格操纵行为涉及这些企业所有在法上市的品牌洗衣粉产品。同时，这些公司还建立了一个系统，来核查各方是否履行承诺。

同在2011年，宝洁、汉高等8家化妆品制造商因结盟操纵价格达20年，被西班牙政府处罚5 000万欧元。

---

① 综合整理自互联网。

2.2 单一定价策略

2.2.1 两部定价

两部定价模式在服务行业和垄断行业中比较普遍，消费者需要首先支付一个固定的权利费用，如电话月租费、娱乐场所的入门费，之后再为产品或服务按单位数量支付一笔费用。

□ 经典案例：动感地带的短信套餐[①]

2003 年 3 月，中国移动自"全球通"和"神州行"之后，又推出了一个针对 15—25 岁年轻人群体的新品牌"动感地带"。动感地带的超值套餐以批发短信形式推出，消费者必须在运营商所提供的短信套餐中进行选择。以某地动感地带为例，中国移动推出了 20 元 300 条和 30 元 500 条短信套餐，每月超出套餐条数按 0.1 元/条计算。

动感地带的短信套餐定价是一个典型的两部定价策略。如果顾客选择 20 元套餐，则相当于短信 0.07 元/条（＝20 元/300 条），如果选择 30 元套餐，则相当于短信 0.06 元/条（＝30 元/500 条），而神州行用户发送短信价格为 0.15 元/条，因此相比较而言，动感地带套餐对于发短信需求高的年轻人很有吸引力。

□ 何为两部定价

两部定价（two-part pricing）是一种比较简单的非线性定价。产品价格由基本费用和从量费用共同组成，基本费用用于弥补固定成本，从量费用用于弥补变动成本。在两部定价法下，产品价格由两部分组成，一部分是为取得某项产品或服务的使用许可而定额缴纳的基本费用，又称入门费，是一笔固定费用，只与是否消费有关，而与消费的数量没有直接联系，采用定额计

[①] 骆品亮：《定价策略（第二版）》，上海：上海财经大学出版社，2008。

算的方法。另一部分根据实际消费数量，按照购买数量或实际消费量乘以边际成本的价格支付从量费用。定价模式如图 2-2 所示。

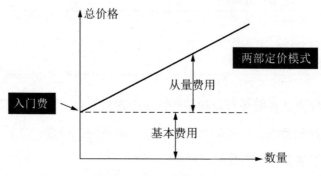

图 2-2　两部定价模式示意

□　中国移动两部定价模式浅析

上文提到的中国移动为动感地带制定的短信套餐即属于两部定价法的应用。用户必须在运营商所提供的短信套餐中任选其一，20 元 300 条和 30 元 500 条短信套餐即属于两部定价中的入门费，即只要用户使用动感地带，不管每月实际发送多少条短信，每月必须扣结掉 20 元或 30 元短信套餐费。此外每月超出套餐条数按 0.1 元/条计算，属于从量费用。

不过，需要注意的是，短信的实际价格是随着实际使用量而变化的。只有用户实际使用完了套餐内的 300 条或 500 条短信，每条短信平均价格才是 0.07 元（20 元套餐）或 0.06 元（30 元套餐）。而事实上，更确切地说，用户当月发送第一条短信的价格即相当于全部套餐费用 20 元，之后套餐内其余短信的价格为零，从超过套餐条数的第 301 条或 501 条起，每条短信单价为 0.01 元，从量收取。

动感地带的短信套餐是否真的是发短信最实惠的呢？事实上，只有用户发短信数量超过一定临界值，短信套餐的价格才比按短信单价计费实惠。假设客户选择的是动感地带 20 元短信套餐，而对比神州行短信价格为 0.15 元/条，用户发送条数超过 133 条（20（元）/0.15（元/条）＝133 条）后，动感地带短信套餐的价格优势才会体现出来。同理，用户在 20 元短信套餐和 30

元短信套餐的选择权衡上，只有确信自己的短信实际使用量会超过 400 条，才应该选择 30 元短信套餐，否则选择 20 元短信套餐更划算。可见消费者需要认真比较，才能选择出最适合自己的手机话费系列及短信套餐。

□ 两部定价的其他应用

在许多垄断行业，比如电信行业，两部定价策略被普遍应用。我国电信部门曾采用两部收费定价策略，安装电话时，必须交纳 3000—4000 元初装费，打电话时再按每分钟计费，这样电信部门可以最大限度地攫取消费者剩余。[①] 此外，收取电话费时，既按月收取固定数额的月租费，又按实际通话次数、通话时间、通话区间等收取通话费，这也是一种两部定价模式。再比如，出租车计价时，通常先付固定数额的起价费，再按里程付费。这些实际应用都属于两部定价的范畴。

2.2.2 捆绑定价

捆绑定价（bundling pricing）是将不同的产品打成一个包裹以一个价格出售的销售策略，通常这个价格要低于各个产品单独售卖的价格之和。

□ 经典案例：微软 Office 办公系列产品[②]

微软 Office 办公系列产品由文字处理程序 Word、电子表格 Excel、演示工具 PowerPoint 及其他配套产品如 Access、Publisher 等捆绑而成，微软公司对此系列产品进行统一定价捆绑销售，尽管消费者也可以单独购买 Office 系列的某个或某几个软件，但每个软件的单独售价之和要高于 Office 系列捆绑销售的价格。正是微软公司制定的捆绑销售策略，使得 Office 产品取得了巨大成功，成功占领了绝大部分的办公室软件市场份额。此外，这些产品组合在一起提高了工作效率，利用产品的兼容性，客户可以更方便地在不同文件

[①] 龙应贵：《浅谈垄断行业的两部收费制定价策略》，《西南科技大学学报》，2005 年第 22 期。

[②] 曾楚宏、林丹明：《论信息产品的定价策略》，《企业经济》，2003 年第 9 期。

之间复制粘贴，各组件也可以共享资源库，这样 Office 应用程序就可以占用更少的空间，比单独使用不同组件更为有效。可以说，微软 Office 办公系列产品从定价到市场推广都十分成功。

☐ 何为捆绑定价策略

捆绑定价是指生产者将一种产品与其他产品组合在一起以一个价格出售。根据捆绑定价性质，可以将其划分为以下几种形式：

1. 同质产品捆绑定价

混合产品捆绑定价：例如，航空公司对往返机票采取捆绑定价，通常有一定折扣优惠吸引消费者订往返票，航空公司由此赢得更大的航线份额。

单一产品捆绑定价：例如，酒吧里规定啤酒必须成打卖。

2. 互补产品捆绑定价

举例1：套餐服务，如快餐店针对不同人群，推出若干单品的搭配组合套餐，包括汉堡、薯条、汽水的基本套餐，下午茶套餐，双人餐，儿童乐园餐等。

举例2：制造业如通用电气、朗讯等公司推出相应的金融产品，将传统产品和金融贷款捆绑定价。

3. 非相关性产品捆绑定价

指生产者将其产品同竞争性的另外一种产品组合。被捆绑的产品不一定是互补品，只需能为生产者提供有关消费者对其产品支付意愿的信息，例如一些商场的促销活动。

在具体实施中，捆绑定价还需满足以下几个条件：

➢ **捆绑定价产品要具有一定的市场支配力**，企业能利用这种市场支配力实现自己产品和竞争产品的价格差别。

➢ **捆绑定价产品之间要有一定的关联性**。基本产品和捆绑产品之间可以没有必然联系，但在销售对象、销售终端、品牌效应等方面要有相近性，最好是互补性产品，比如功能性互补，通常可以被消费者在心目中联系在一起，捆绑后可以作为一个整体来衡量。另外，目标客户的重叠性也很重要，最好目标市场有较大交叉部分。

> **捆绑定价产品的市场定位要有同一性**。目标群体应具有相近的消费习惯和消费心理。

□ 微软捆绑定价模式浅析

微软 Office 办公系列产品的推广采用了捆绑定价的销售策略，取得了成功，最大的成功之处在于该策略使得消费者和供应商都从中获益。

对消费者而言，Office 软件系列的捆绑定价有两大主要优势。捆绑销售的一大优势是降低了该套产品的售价。消费者只需花更少的钱便可满足需求，以更低的成本买到自己所需要的全套办公软件，该价格定位比单独购买各个软件所需费用之和低。捆绑销售的另一大优势是保证了产品之间很好的兼容性，使得功能有保证。由于都是微软 Office 系列产品，各个软件之间有互通性和兼容性，客户拥有的资源可以更好地在软件之间共享，表格、图表等复制粘贴在软件间互相适用，方便客户提高工作效率。此外，把 Office 产品打包安装到电脑中，所占应用程序空间比单独安装各个组件所占空间更小，电脑应用程序时会更为有效。

对供应商而言，捆绑定价也有两大优势。一是供应商可以获得更大的利润。假设消费者有购买 Office 产品的意愿，该消费者愿意为 Word 软件支付 150 元，为 Excel 软件支付 120 元，但供应商只知道消费者愿意支付的两个价格，不知道该消费者对每个软件愿意支付的具体价格水平。如果采取非捆绑定价，单独出售每个软件，最优定价策略为每个软件均售价 120 元，这样获得收入 240 元，而如果采取捆绑销售的定价策略，可以对组合产品定价为 270 元，这样可以多赚得 30 元额外利润。二是可以更好地占领市场，有效挤占竞争对手份额。如果采取非捆绑销售，消费者在选购不同功能的软件时，如在选购文字处理软件和电子表格软件时，考虑购买不同公司出品的软件可能性会大大增加，面临二次选择的风险，可能消费者第一次选择的是购买微软公司 Office 产品的 Word 软件，而在之后选择电子表格软件时选择了金山或谷歌公司的软件。如果采取捆绑销售，则公司之间的竞争由两次变为一次，如果顾客选择了购买安装微软 Office 系列产品，由于软件功能的排他性，则金山公司和谷歌公司的相关应用软件就不会被选中。通过捆绑销售，竞争对手份额不断被排挤，有利于强势品牌更好地占领市场。

2.2.3 高峰定价

高峰定价（peak-load pricing）是由于生产厂商生产能力的限制，针对消费者不同时间段的需求量的不同而制定不同的价格。高峰定价目前主要运用于铁路客运、地铁等城市轨道交通运费定价及电力行业的电费定价中。

以地铁定价为例，目前国内的地铁票价大多采取单一票价制或者计程票价制，虽然这在票价上体现了公平，但是如果利用地铁票价的价格杠杆来引导客流，就可以进一步提高效率，改善社会福利。

□ 经典案例：天津地铁定价方案策略研究[①]

天津地铁现有定价方案：

天津市地铁定价方案采用了分段计程票制，其具体方案是：以全线22座车站为计乘标准，起步票价是2元，全程最高票价为5元。乘坐5站以内（含5站）票价为2元；乘坐5站以上10站以下（含10站）票价为3元；乘坐10站以上15站以下（含15站）票价为4元；乘坐15站以上票价为5元。

天津地铁现客流情况：

按照分段式计程票制方案运营后，天津地铁1号线在运行通车一年后，日平均客流达到约7.56万人次，客流时间分布为：6:00—7:00，日平均客流6 059[②]人次（占比8%）；7:00—9:00，日平均客流25 816人次（占比34%）；9:00—16:00，日平均客流15 394人次（占比20%）；16:00—19:00，日平均客流22 270人次（占比30%）；19:00—22:00，日平均客流6 078人次（占比8%）。

分时段客流压力与运力对比：

[①] 付聪、尹贻林、李丽红：《基于高峰定价的城市轨道交通价格研究——天津地铁定价方案改进策略》，《价格理论与实践》，2008年第10期。

[②] 各时段时间统计以购票时间为准，平均客流的数值来自2007年6月1日至2008年3月1日，下同。

轨道交通的系统能力原则上按该线高峰时最高段客流量来配置。根据实际客流情况，最高段客流量的出现区间不到线路的 1/10，延续时间也不足全部营运时间的 1/10。在 9/10 的路段上和 9/10 的运营时段里，因客流的原因，轨道交通未满负荷运行。

引入高峰定价法后的新定价方案：

高峰定价法通过确立不同时段的不同价格来引导需求，实现社会福利的优化。在客流量达到稳定后采用高峰定价法，即在天津地铁 1 号线和其他即将运营的线路可在原来分段计程票制的基础上，在非上下班高峰时期票价均下降 20%—30%。

具体票价方案如下：

1. 非高峰时采用分段计程票制。以全线 22 座车站为计乘标准，起步票价为 2 元，全程最高票价为 4 元。乘坐 5 站以内（含 5 站）票价为 2 元；乘坐 6 站以上 15 站以下（含 15 站）票价为 3 元；乘坐 16 站以上票价为 4 元。

2. 高峰时采用高峰计价票制。以全线 22 座车站为计乘标准，起步票价为 3 元，全程最高票价为 5 元。乘坐 5 站以内（含 5 站）票价为 3 元；乘坐 5 站以上 15 站以下（含 15 站）票价为 4 元；乘坐 16 站以上票价为 5 元。

□ 高峰定价理论基础

公用事业大都是自然垄断的行业，其定价受到政府主管机关的管制。公用事业的定价与补贴机制是公用事业良性发展问题的核心。由于公用事业的边际成本递减，边际成本定价法会导致企业的亏损，而平均成本定价法则会导致社会福利的净损失。作为对边际成本和平均成本定价的改进，Baumol 和 Bradford 借鉴 Ramsey 的征收比例税的次优方法，提出了**拉姆塞定价（Ramasey pricing）**，又称逆弹性定价方法。拉姆塞定价实际上是一种价格歧视，但它与获得垄断利润最大化为目的的第三级价格歧视不同，其价格的差别是以回收成本为目的，因此是一种管制上容许的价格歧视。

以拉姆塞定价原则为理论基础，高峰定价法通过确立不同时段的不同价格来引导需求，实现社会福利的优化。高峰定价法作为企业促进淡季销售的一种手段,可以应用作为调节客流的一种价格杠杆。

□ 高峰定价法如何应用于地铁定价[①]

高峰定价法的前提假设是,在地铁的高峰时段与平常时段,消费者需求的价格弹性是不同的。具体地说,由于高峰时段人们上下班更关注时间的紧迫性,对于价格的敏感程度明显小于非高峰时段,即高峰时段的需求弹性小于非高峰时段的需求弹性。

图 2-3 中,D_0 为平时的乘客需求量,D_1 为高峰时期的乘客需求量,MC 为地铁运营商边际成本,AC 为地铁运营商平均成本,P_0 为未采用高峰定价法的原始定价方案,从而 Q_1 和 Q_2 分别为平时及高峰时期运量。

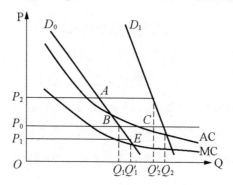

图 2-3 地铁的高峰定价法

采用高峰定价法,在高峰时段将票价提高至 P_2,运量从 Q_2 降为 Q_2';而在平时价格降为 P_1,运量从 Q_1 增为 Q_1',这时高峰与平时运量的差额为 $Q_2'-Q_1'$,小于统一定价时的差额 Q_2-Q_1。在存在收支平衡约束的条件下,虽然高峰客运量减少,平时价格降低会造成一定的亏损,但是这种亏损已由高峰提价以及平时客运增加所提升的利润弥补。由于高峰与平时客运量差额的减少,使得地铁运输的社会经济效率得以提高。同时由于降低了高弹性市场的价格,在收支平衡的情况下,作为社会福利测度的消费者剩余得以增加,因此也改

[①] 周龙:《拉姆塞定价模型在地铁定价中的应用》,《交通科技与经济》,2001 年第 4 期。

善了社会福利。

□ 天津地铁新旧定价方案对比

天津市地铁 1 号线实行高峰定价法之前一年的人均乘坐站数为 12（实际计算值为 11.05）站，采用美国的高峰时段和非高峰时段的价格弹性系数分别为 -0.18 和 -0.39 计算，实行高峰定价法后，则日均客流量增长 2 000 余人，各时段客流量变化情况如表 2-1 所示。

表 2-1 采用高峰定价策略后天津地铁客流量及变化情况统计

时段	6:00—7:00	7:00—9:00	9:00—16:00	16:00—19:00	19:00—22:00
日平均客流（人次）	6 650	25 816	16 895	22 270	6 671
日平均客流增加（人次）	591	312	1501	−277	593

注：12 站的原价为 4 元，采用高峰定价方式后高峰时段仍为 4 元，非高峰时段为 3 元。

我们可以看到，如前所言，高峰定价法使得高峰与平时客运量差额减少，从而提高了地铁运输的社会经济效率。

□ 高峰定价的其他应用

高峰定价还可应用于电力、铁路公路客运方面。

由于电力供应日趋紧张，大部分地区在电力需求高峰时供电比较紧张，季节性、时段性拉闸限电现象时有发生，用电高峰期电力的短缺更是重点问题。高峰定价能够在一定程度上减轻高峰期用电压力，起到削峰填谷的作用。

同地铁情况类似，铁路公路客运也存在高低峰运输的差别，在高峰期，铁路在各个方面都要承受巨大的负荷；而到了低峰期，高峰期的额外投入又将出现闲置，造成浪费。利用高峰定价法，在高峰时段将票价提高，则运量下降；而在非高峰时段降低票价，则运量上升，高峰时段与非高峰时段运量的差额，小于统一定价时的差额。在收支平衡条件下，虽然非高峰时段的价格有所降低，会造成一定的亏损，但是这种亏损已由高峰时段定价增加的利润所补偿。由于高峰时段与非高峰时段客运量差额的减少，使得铁路运输的社会效益得以提高。

□ 经典案例：峰谷电[①]

2010年11月，国家发改委、中国电监会等六部委联合印发《电力需求侧管理办法》(以下简称《办法》)，针对电力需求提出了16项定性或定量的管理和激励措施，其中提到"将推动并完善峰谷电价制度，鼓励低谷蓄能"等，《办法》于2011年1月1日起实施。

随着社会经济的发展，人们对于电力的需求越来越大，电力供应矛盾愈加突出。电力需求最旺盛的时间称为"高峰"时间，其余则为"非高峰"时间。如果电能像一般商品那样保存起来，那么高峰时间和非高峰时间内的供电边际成本不会有差别。然而，电力是一种特殊商品，难以储存或储存的成本高，属于一种即时生产、即时消费的商品。为了应付一天中的高峰需求，供电厂必须按高峰时间的需求来设计生产规模或供电能力，而其中一部分设备在非高峰时间内是停转闲置的。因而，高峰时间供电的边际成本较高，因为所有设备都投入满负荷的运行；而非高峰时间的边际成本较低，因为只有最高效的发电机组在运转。因而可以对电力在一天或一个固定周期内按不同时段的消费数量收取不同的价格。

因此，实施峰谷不同电价，可以有效发挥电价的杠杆作用，抑制高峰时期用电量的快速增长，提高低谷时候的用电量，从而提高电网和整个社会的效益。

2.2.4 交叉补贴定价

交叉补贴（cross subsidization）定价策略，主要应用于电信、电力等垄断行业，现已推广到信息产品的销售过程中。

[①] 综合整理自互联网。

□ **经典案例：日本任天堂公司游戏机销售定价策略**[①]

任天堂公司 1996 年在全球最值钱（股票市场价值）的 500 家企业中排名第 294 位。只有 850 名员工的任天堂，曾数度战胜丰田公司这样的超级企业，成为日本盈利第一的公司，并曾创造每位员工为公司净赚 150 万美元的神话。任天堂的游戏机在 1991 年已售出 3 170 万台，进入 1/3 以上的美国家庭；王牌游戏"超级玛丽"系列风靡全球 150 个国家，到 1991 年销售近 7 000 万盒，有 12 亿"超级玛丽"迷；"俄罗斯方块"仅 1992 年就售出 3 200 万盒，作为游戏背景的莫斯科红场大教堂被世界各地的儿童称为"俄罗斯方块铁塔"，作为背景音乐的柴可夫斯基作品成了"任天堂之歌"；"游戏小子"到 1996 年销售量超过 4 000 万部。美国总统布什曾手持"游戏小子"出席军情会议，苏联宇航员曾带着"游戏小子"遨游太空。1995 年日本生产的 30%的半导体使用任天堂产品。1996 年任天堂的营业额为 32.76 亿美元，利润为 5.54 亿美元，市场价值为 104.32 亿美元。现在全世界每 5 秒钟就有一盒任天堂新游戏卡售出。

任天堂公司在销售游戏机方面取得了巨大的成功，究其原因，交叉补贴定价策略师是决定性因素之一。任天堂公司在销售其家庭游戏机时，正是采用了这一策略，将硬件产品游戏机以低价售出，激发了消费者玩电子游戏的兴趣，然后提供多样化的软件游戏卡，并定以高价，同时还推出一些升级游戏卡以增强顾客锁定，使其更有利于其采用交叉补贴定价策略。正是依靠这种策略，任天堂公司很快就占据了家庭游戏机市场的头把交椅。

□ **何为交叉补贴**

实行交叉补贴的厂家为推广其服务，通常通过有意识地以优惠甚至亏本的价格出售一种产品，达到促进销售更多盈利产品的目的。

在垄断行业中，一个占据市场支配地位的垄断企业出于打败竞争对手和限制竞争的目的，大幅降低竞争性业务的价格，同时提高垄断性业务的价格，

---

① 曾楚宏、林丹明：《论信息产品的定价策略》，《企业经济》，2003 年第 9 期。

用以弥补竞争性业务的损失。

□ 交叉补贴与信息产品的销售策略

交叉补贴定价策略在信息产品的销售过程中被广泛采用。这一策略利用了信息产品是系统产品这一特征，通过以低价向消费者出售耐用的硬件产品，使消费者对与硬件产品互补的软件产品产生极大的需求，再以高价售出软件产品。

在信息产品的销售过程中，交叉补贴定价策略最适合于出售系统产品的厂商采用，这些厂商可以通过把硬件以成本价或略低于成本价卖给消费者，之后消费者就会被硬件产品锁定。由于要使这种硬件产品产生效用，就必须购买与之互补的软件产品；又由于产品之间的兼容性、协调性等问题，购买同一厂商生产的互补软件产品自然效果最佳。这种锁定效应使得消费者对软件产品的首选自然是出售硬件的同一厂商，这种效应越强，消费者的选择就越收敛于同一厂商。而供应商则可以利用这种锁定效应为软件产品定足够高的价格，这一价格不仅可以弥补因出售硬件所产生的损失，还可以为厂商带来高额利润。正如上述分析所言，日本任天堂公司在游戏机销售市场大获成功，交叉补贴定价策略起到了不小的作用。

□ 交叉补贴的其他应用（传统垄断行业）

电力行业 与一般垄断企业的这种以驱逐竞争对手为目的的交叉补贴不同，电力企业是利用在盈利领域（工、商业以及发达地区）的收益来弥补在非盈利领域（农业以及贫困落后地区）的亏损。

在我国的现行电价中，几乎所有省份中工业电价低于居民电价的比例都非常小，甚至有的省份大工业电价还超过了居民电价。同时，所有省份商业电价都高于居民电价，存在明显的商业电价对居民电价的补贴。另外，根据效率原则，工业电价应该大大低于居民电价，这与我国的现行情况也不相同，因此在我国存在工业用户对居民用户的价格补贴。

电信业 电信业也是垄断行业之一，对电信业而言，交叉补贴指如居民电话、本地电话的价格低于提供这些电信服务的长期增量成本。在交叉补贴定价策略下，通常人为地抬高商业电话、长途电话和国际电话业务的价格，使这些业务的价格高于成本，而压低本地电话、居民电话的价格以及接入费和基本线路租用费，使这些业务的价格低于成本。本地电信服务的低资费是有特定政治经济因素的，这些因素主要是本地电话用户对规制者施加的压力。在这种压力的影响下，规制者往往对本地电话的资费进行严格的上限控制。本地电话服务价格一般较低，而低资费带来本地电话的亏损只有通过其他电信服务的高资费来弥补。

第 3 章
战略性策略：多方博弈

本章关注多方博弈的战略性策略。3.1 节的主要关注点是博弈各方完全对立也即非合作博弈情况下的若干重点模型；3.2 节则反过来主要探讨了合作博弈的可能形式。

3.1 利益冲突：非合作博弈

博弈分为**合作博弈**（**cooperative game**）和**非合作博弈**（**non-cooperative game**）两种。

合作博弈就是博弈当中的协议具有约束力或者可强制执行，例如通过法律。一旦协议具有约束力，参与者就能够通过谈判得到互利的结果。然而在非合作博弈中，协议不具有约束力，如果参与者意识到背叛协议更加有利，便会选择背叛。因此，博弈的结果在有约束力协议的情况下与在没有约束力协议的情况下可能会不同。"囚徒困境"的博弈清晰地体现了合作博弈和非合作博弈的区别。

如表 3-1 矩阵所示，囚徒困境是非合作一阶博弈，这类博弈双方的主要策略是坦白。但是如果双方都保持缄默，那么双方都能得到最优结果。但是在非合作博弈中博弈双方都无法指望另一方能遵循约定而不认罪，因为双方都知道坦白的话能获得更大的自身利益。另一方面，如果参与者能够制定出有约束力的不认罪协议，那么双方就都能获利。由此可以看出，有约束力的协议能够改变预测的博弈结果。如果博弈是合作性的，那么可能产生有约束力的协议。

表 3-1　囚徒困境非合作一阶博弈矩阵

所获刑期（甲，乙）		乙	
		坦白	缄默
甲	坦白	10年，10年	0年，15年
	缄默	15年，0年	1年，1年

一般来说，如果博弈双方能够制定出有约束力的协议，那么就有动力最后达成一个他们都不会后悔的结果。如果他们发现能够通过谈判得到一个更好的选择，他们会后悔签署某个协议。如果没有其他可谈判的选择，那么参与者就会认为这个结果是最优的。

所以我们可以看出两者最主要的区别在于参与人在博弈过程中能否达成一个具有约束力的协议。倘若不能，则称为非合作博弈，非合作博弈是现在博弈论的研究重点。

非合作博弈是指一种参与者不可能达成具有约束力的协议的博弈类型，这是一种具有互不相容味道的情形。非合作博弈研究人们在利益相互影响的局势中如何选择决策使自己的收益最大，即策略选择问题。

□　经典案例：家电公司价格联盟

三家彩电公司结成价格联盟，约定 42 寸液晶彩电的价格不能低于 5 000 元。但是任一家公司都不能知道或操控别家公司的彩电定价。当有其中一家公司率先降价时，这家公司就能够因销量提高而获得更大的利润。于是三家公司都有暗中对自己的彩电降价的激励，这个价格联盟并不坚固，总是有一家公司会先行降价以谋求更高利润。

□　经典案例：石油卡特尔组织

石油输出国组织（OPEC）对每一个成员国达成了石油产量协议，规定石油产量上限以维持高昂的油价。但是每一个成员国的石油出口量是不公开的。因此总有国家想暗中增加石油产量以提高利润。但是一旦市场感知到石油产量被提高，石油价格随之下降，所有的成员国的利润都会降低。

□ **经典案例：伊利蒙牛之战**

伊利和蒙牛历来都是竞争对手，在 2008 年北京奥运会召开之际，二者都想借赞助奥运提升品牌知名度。2004 年，蒙牛为每一位国家队运动员都配置了"牛奶套餐"，开始为竞标做热身运动。2005 年 9 月 1 日，蒙牛宣布，从当天起，北京市民每购买一袋蒙牛牛奶，蒙牛就捐赠一分钱，用于北京奥运会公益活动志愿者的选拔和培训。而之前，蒙牛就曾给北京申奥捐款 1 000 万元。

蒙牛一副志在必得的架势，伊利也没有闲着。

2005 年 11 月初，伊利出资 3 000 万元支持呼和浩特市文化、体育事业建设，其中 500 万元用于为参加北京奥运会和下届全运会的内蒙古籍运动员提供补贴、奖励。

伊利和蒙牛比着花钱，蒙牛在声势上占据上风。

2005 年 10 月 9 日，对蒙牛和伊利来说，是个分水岭。

这天上午，呼和浩特市政府召开市长办公会议。"鉴于呼和浩特市几十万奶农通过奶协向政府反映，蒙牛与伊利在竞争成为奥运赞助商的过程中，花钱太多，代价太大，将来不是变相增加农民负担，便是间接波及奶农生计；又鉴于乳品行业原料涨价、产品降价，已经进入微利时代——为此，市委市政府认为同城伙伴不宜过分相争，建议两家一起退出北京奥运赞助商的申请活动。"蒙牛集团副总裁孙先红事后这样向外界介绍。

在市政府的斡旋下，当天，牛根生与潘刚共同在给北京奥组委的《关于退出北京奥运合作伙伴申请活动的函》上签了名。

然而，蒙牛没想到，事情还是节外生枝了。奥组委在收到两家的退出申请函之后，又收到了伊利再次申请成为赞助商的函件。竞争对手放弃了，伊利没有不赢的道理。

此时，我们多少能想象出牛根生看着潘刚慷慨陈词时的感受。

蒙牛输在哪儿？就输在它违背了囚徒困境。在竞标中，坚持下去，无论对伊利还是蒙牛，都是占优策略。谁放弃，便会让对手拣个大便宜。

3.1.1 斯威齐寡头垄断模型

在第 2 章中我们已经介绍过寡头垄断的概念。一家寡头的行为会影响其他寡头的行为，并影响整个寡头垄断市场，因此每个寡头在决定自己的策略和政策时，都非常重视对手对自己选择的策略的态度和反应。有时，寡头之间会通过各种方式达成共谋或合作，以从消费者身上攫取更多的利益。寡头之间存在高度的相互依存、相互影响、相互制约的特性。

斯威齐寡头垄断模型（Sweezy oligopoly model）的核心假设是，博弈中的每一个参与者（即寡头厂商）都采取如下策略：

1. 当对手涨价时，自己不会跟进。
2. 当对手降价时，自己会跟进。

简单来说，就是跟跌不跟涨。

☐ 斯威齐寡头垄断模型与价格刚性

假设寡头数量为 2，我们可以得到图 3-1 中的需求曲线。

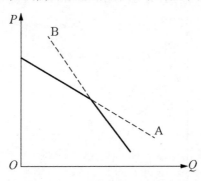

图 3-1　斯威齐双寡头模型需求曲线

图 3-1 中，P 表示产品的价格，Q 表示产品的需求量，P 是 Q 的函数，也就是产品售价由市场需求量决定。曲线 A 和曲线 B 分别代表市场中两家寡头

A和寡头B的需求曲线,其中曲线较陡峭的B的产品的需求价格弹性较小(需求价格弹性＝需求量变动的比率/价格变动的比率),即为了多售出1单位的产品,这家公司需要采取的价格降幅较大,而对于需求价格弹性较大的寡头A而言,为了多售出1单位的产品需要采取的降价幅度较小。但是实际上市场中采用的曲线只是图中加粗的实线。在实际生活中,在相似的产品间,理性的消费者们总是更喜欢低价的产品,因此当一个寡头开始降价时,另一个寡头也不得不进行跟进,否则市场就会被采取降价策略的寡头所侵占。因而,在寡头垄断市场中,通过降价谋求销量增加的效果是有限的,因为寡头们总是会对降价进行跟进,由于价格下降而增加的销量会被行业内所有寡头所瓜分。

接下来我们来分析斯威齐模型的边际收益曲线,如图3-2所示。横轴表示商品的需求量,纵轴表示商品价格和边际收益。MR表示边际收益。边际收益表示每多卖出1单位产品所获得的收益。为了更清楚地解释边际收益的概念,我们用表3-2举例。在非完全竞争市场中,价格会随着需求量的增高而下降,假设在斯威齐寡头垄断模型中,我们有表3-2中的需求量与价格之间的关系,便可以根据我们所假设的需求量和价格算出相对应的总收益和边际收益。

$$总收益 = 需求量 \times 价格$$

$$边际收益 = 需求量每增加1单位时总收益的变化量$$

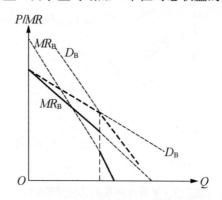

图3-2 斯威齐双寡头模型边际收益曲线

从表3-2我们可以得出:在价格与需求量反向变动的情况下,厂商所能得到的总收益有一个先上升后下降的趋势,边际收益有从正数一直下降到负数

表 3-2　厂商价格、总收益和边际收益与需求量的关系

需求量	1	2	3	4	5	6	7	8	9
价格	10	9	8	7	6	5	4	3	2
总收益	10	18	24	28	30	30	28	24	18
边际收益	10	8	6	4	2	0	−2	−4	−6

的趋势。也就是说，在价格与需求量反向变动的情况下，厂商要实现利润最大化的目标，并不一定是销量越高越好，在销量达到一定程度之后，厂商所能获得的总利润反而会开始下降。

在充分理解了边际收益的概念后，我们再回到图 3-2 分析斯威齐寡头垄断模型的边际收益曲线，也就是需求曲线下方的那条断续并加粗的黑实线。上面已经解释过，在斯威齐寡头垄断模型中，需求曲线是一条带一个拐点的曲线，而不是一条平滑的直线，所以边际收益曲线也不是平滑的直线。在需求曲线的拐点处，由于曲线斜率的改变，也就是需求价格弹性的改变，边际收益曲线的斜率也随之改变。在市场规模到达这一拐点时，寡头们所获的边际收益会突然有一个比较大的下降。在这个拐点之后，每增加 1 单位的销量，寡头们需要采取的降价幅度会更大，因此边际收益曲线也变得更加陡峭，也就是说每增加 1 单位的销量，边际收益会比拐点以前下降得更多。

利用斯威齐寡头垄断模型的独特的边际收益曲线，可以解释寡头市场上的价格刚性现象。刚才我们已经理解了边际收益的概念，现在再引入经济学上短期边际成本的概念，以及边际收益及短期边际成本是如何决定厂商的利润最大化的。短期边际成本是指在厂商的生产设备的生产计划还不能及时调整、未能实现规模经济的短期内，产品的边际成本，也就是每多生产 1 单位产品所耗费的成本，会随着产量的增加而提高。如图 3-3 所示，SMC 表示短期边际成本，SMC_1、SMC_2、SMC_3 分别表示寡头厂商的三种可能的短期边际成本曲线，它们都是随着产量的增加而递增的。

厂商的生产决策主要是由边际收益和短期边际成本的关系所决定的。在边际收益下降到等于短期边际成本的那一点的产量就是厂商能获得利润最大

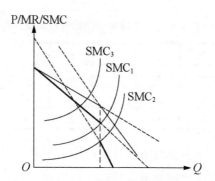

图 3-3　斯威齐寡头垄断模型短期边际成本曲线

化的产量。为什么这么说呢？继续来看例子。假设短期平均成本与产量成正比，即产量越高，平均成本越高。

$$总成本＝短期平均成本 \times 产量$$

$$短期边际成本＝产量每增加1个单位的总成本的变化量$$

$$总利润＝总收益－总成本$$

边际利润＝产量每增加 1 个单位的总利润的变化量＝边际收益－短期边际成本。

从表 3-3 中我们可以看到，当产量为 4 或 5 时，寡头厂商能实现利润最大化，并且最大利润为 23。而当厂商实现利润最大化时，边际收益刚好等于短期边际成本。因为厂商的总利润是所有的边际利润的和，而边际利润是随着产量的增加而不断下降的。当边际利润下降到正好为零时，就是厂商利润最大化之时，而又因为边际利润就是边际收益与短期边际成本之差，因此使得边际收益等于短期边际成本的产量就是厂商能获得利润最大化的最优产量。

表 3-3　厂商价格、收益、成本、利润与需求量的关系

需求量/产量	1	2	3	4	5	6	7	8	9
平均价格	10	9	8	7	6	5	4	3	2
总收益	10	18	24	28	30	30	28	24	18
边际收益	10	8	6	4	2	0	－2	－4	－6
短期平均成本	1	1.05	1.13	1.25	1.4	1.58	1.8	2.05	2.33

（续表）

总成本	1	2.1	3.4	5	7	9.5	12.6	16.4	21
短期边际成本	1	1.1	1.3	1.6	2	2.5	3.1	3.8	4.6
总利润	9	15.9	20.6	23	23	20.5	15.4	7.6	−3
边际利润	9	6.9	4.7	2.4	0	−2.5	−5.1	−7.8	−10.6

我们现在再来看图 3-3，因为斯威齐寡头垄断模型的边际收益曲线在需求曲线的拐点处有一段垂直的间断范围，也就是说当短期边际成本在 SMC_1 和 SMC_2 的区间变动时，寡头厂商们仍然可以维持均衡产量和均衡价格的不变并实现利润最大化。只有当短期成本曲线变化到 SMC_3 的位置时，寡头们才有调整生产计划的动机。因此，在斯威齐寡头垄断博弈模型中，寡头们一般不会轻易采取改变价格的策略，因为如果提高价格，它的市场马上就会被维持低价的竞争者侵占；如果降低价格，利润也不会因此而提高，一来可能因为恶性价格战而导致利润减少，二来成本就算在一个范围内变动，均衡的价格和需求量也不会改变，所以它们之中谁也不会有首先进行降价的激励。斯威齐模型解释了寡头垄断市场中的价格刚性现象。

3.1.2 伯特兰寡头垄断模型

伯特兰寡头垄断模型（Bertrand oligopoly model）是一种价格竞争模型，即博弈中的参与者——寡头厂商们，以调整定价策略为主要竞争手段。伯特兰模型的核心假设为：

（1）各寡头厂商通过选择价格进行竞争。

（2）各寡头厂商生产的产品是同质的，即完全替代品。

（3）寡头厂商之间没有正式或非正式的串谋行为。

在伯特兰寡头垄断模型中，由于博弈的参与者——寡头厂商们所提供的产品对于消费者而言都是同质的，所以消费者必然会选择价格较低的产品。因此，寡头们必会竞相降价以争取顾客，最后这个博弈的均衡必会在价格所能达到的最低点，即价格等于边际生产成本的那一点，因此厂商所能获得的利润为零。只要有一个竞争对手存在，伯特兰模型中的寡头厂商的策略和行为就会与完全竞争中的厂商一样。

□ 伯特兰寡头垄断模型的局限性

➢ **假定各寡头厂商生产的产品之间可以完全替代，它们之间的竞争是纯粹的价格竞争**。但是在现实中，不同厂商生产的产品是同质的情况是非常少的，而且要增加自己产品的差异性，使得消费者能够区分开来，并不一定需要增加生产成本。假若产品不同质，完全的价格竞争也就不会出现。

➢ **该模型并没有对厂商的生产能力进行任何假设，即默认厂商的生产能力是无限的**。但是在现实中，各个寡头厂商的产能是有限的，寡头们的总产量有可能比均衡时的市场需求量要低，因此价格也不会降到边际成本这么低。

由于伯特兰寡头垄断模型存在局限性，其在现实中的研究中很少被采用。

3.1.3 古诺双寡头垄断模型

古诺双寡头垄断模型（Cournot duopoly model）是一个产量竞争模型，即博弈中的参与者—寡头厂商们，以调整产量策略为主要竞争手段。这一模型的核心假设有：

（1）市场中只有两个参与者，即双寡头。

（2）两个寡头厂商通过选择产量进行竞争。产品的价格由这两家厂商所选择的产量之和决定。

（3）两个寡头厂商之间没有正式或非正式的串谋行为。

（4）两个寡头在确定自己的最优产量从而实现利润最大化时，都知道并充分考虑到当己方选择了一种产量策略后，对方即将如何选择。

具体地来说，古诺双寡头垄断模型假定市场上只有 A、B 两个厂商，生产和销售相同的产品，边际成本相同且固定。它们都准确地了解且共同面临一样的市场需求曲线。在确定能给自己带来最大利润的产量时都知晓并充分考虑了对方对产量的决策，即每一个产商都是消极地以自己的产量去匹配对方给出的产量。

我们先设定出表 3-4 中的变量。

表 3-4　古诺模型变量

	产量	边际成本（MC）	价格	利润
寡头 A	q_1	c	$p=f(q_1+q_2)$	$\pi_1=q_1(p-c)$
寡头 B	q_2	c	$p=f(q_1+q_2)$	$\pi_2=q_2(p-c)$

这里的市场价格是两家厂商产量的函数，即 $p=f(q_1+q_2)$，而利润是产量和价格边际成本差的乘积。下面我们从寡头 A 的角度出发来考虑如何选择最优的产量策略。

首先我们来确定寡头 A 的需求曲线 $p=q_1(q_2)$，意思是寡头 A 的产品所能卖的价格是由寡头 B 的产量而决定的，所以寡头 A 选择的产量也是一个寡头 B 选择的产量的函数，也就是说 $q_1=f(q_2)$，而 $p=f(q_1+q_2)=f(f(q_2)+q_2)$，所以对于寡头 A 来说，需求曲线是 q_1 的函数。

在分析斯威齐寡头垄断模型时我们已经解释过企业如何确定获得最大化利润的产量，那就是产量使得边际成本等于边际收益的那一点。在我们的古诺双寡头垄断模型中，边际成本 c 被设定为固定不变的，所以寡头 A 的边际收益曲线也是 q_2 的函数，因为边际收益是价格、产量（销量）和边际成本的函数，而这三者中，寡头 A 的价格和产量都是 q_2 的函数，而边际成本是常数（固定不变的），因此寡头 A 的边际收益仍然是寡头 B 选择的产量 q_2 的函数。因此，通过如图 3-4 的关系，寡头 A 会确定自己的产量。

在以上整个过程中，对于寡头 A 来说，寡头 B 的产量是自变量，寡头 A 的产量是因变量，通过设立这一个函数，我们最终能得到寡头 A 的以寡头 B 的产量为自变量的产量反应曲线。

最后，寡头 A 如何选择自己的最优产量呢？那就是意味着要找到是寡头 A 的边际成本 c 等于边际收益的那一点。而这一点的选择取决于寡头 B 的对

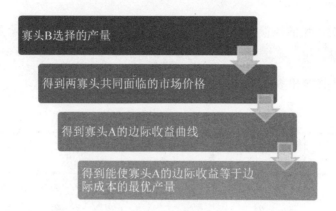

图 3-4　寡头 A 对寡头 B 产量选择的反应流程

自己的最优产量的选择。对于寡头 B 如何选择最优产量，分析的思路也是一样的。由于双方面对的所有系数都一样，因此最后两个寡头会选择一样的产量，且这个产量是图 3-5 中两个寡头的两条产量反应曲线的交点。

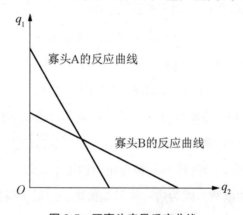

图 3-5　双寡头产量反应曲线

最后要指出的是，在产能可以轻易改变的情况下，寡头垄断模型更适用的模型；在产能不可以轻易改变的情况下，古诺比寡头垄断模型更适用。

3.1.4　智猪博弈

智猪博弈（rigs' payoffs）讲述的是一个经典的博弈案例。猪圈里有一头大猪和一头小猪，猪圈是狭长形的，东边是一个踏板，西边是一个食槽。每踩一下踏板，食槽里就会掉下猪粮。只要有一只猪去踩踏板，另一只猪就能抢先在踩踏板的猪回来前抢到食槽里的食物。假设大猪和小猪每次的食量分别是 2 和 1。4 种不同情形的投食量如表 3-5 所示。

表 3-5 智猪博弈大小猪食量及不同情形投食量

猪食量/投食量	大猪	小猪	情形 1	情形 2	情形 3	情形 4
	2	1	2	3	1	1

> **情形 1**：每踩一次踏板，食槽里投下的食物为 2。如果小猪去踩踏板，则大猪就会把食槽里投出的食物都吃完；如果大猪去踩踏板，则小猪会吃到 1，大猪在踩完后赶到食槽也会吃到 1。结果是小猪不会去踩踏板，因为如果它不踩，还有可能吃到；如果它踩了，就肯定吃不到。对于大猪，如果它自己不去踩，小猪也肯定不会踩，因而它不能得到食物；如果它去踩，虽然小猪会分到食物，但是自己也还是能得到食物，因此，大猪是愿意踩踏板的。最终，小猪将采取"**搭便车**"（free rider）策略，大猪则会选择踩踏板，并无奈地任由食物的一半被小猪瓜分走。

> **情形 2**：每踩一次踏板，食槽里投下的食物为 3，能同时满足小猪和大猪的食量。在这种情况下，无论谁踩踏板，两头猪都能吃饱。二者之间的关系由以前的竞争变为合作，因为现在它们之间没有利益的冲突，并且目标是一致的，那就是去踩踏板。

> **情形 3**：每踩一次踏板，食槽里投下的食物为 1。如果小猪去踩踏板，则大猪会把食物都吃完；如果大猪去踩踏板，则小猪会把食物都吃完。结果是大小猪都不想去踩踏板了，因为踩了踏板也不会得到猪食物，反而是为对方贡献了食物。

> **情形 4**：将情形 3 稍作改良，每踩一次踏板，食槽里投下的食物还是 1，但是踏板移到食槽旁边。这时，谁踩踏板，谁就有食物，并且每次的投放量无论对于大猪还是小猪而言，都能一次吃完。因此，大小猪都会积极地去踩踏板，并且由于投食量少，大小猪之间又恢复了竞争的关系，踩踏板时都特别警惕，踩完就马上占据有利地形抢食。

现实中，情形 1 中的大猪好比实力雄厚的大公司，小猪就好比山寨小公司，当大公司研发出一种新产品并成功打开市场时，山寨小公司就可以推出模仿的产品并以低价瓜分一部分市场。情形 2 好比一个蛋糕足够大的市场，大小两家公司选择合作搞科研开发，并共同分享市场这块大蛋糕。情形 3 好比市场容量较小的市场，谁都没有动力去搞科研开发，因为如果其中一个公司搞了，出来的产品马上就会被模仿，加上市场容量又小，利润就会被模仿的公司所攫取。情形 4 好比有完善的专利保护体系的小容量市场，谁搞科研开发，谁就能得到专利并占领市场，获得利润，于是大小公司都有动力积极地参与科研开发，因为回报是直接的并能排他的。

在企业准备研发新产品或者开发新市场时，懂得智猪博弈非常重要。它告诉我们，在博弈双方力量不对等的情况下，力量强的一方的正确策略是根据对手情况做出选择，而力量弱的一方的正确策略是等待，跟在大企业之后，抢份或为之服务，从新产品和新市场中获得一点利益。

□ 经典安全：TCL 巧用智猪博弈

2004 年 5 月 18 日，广州，一场商业"阳谋"在上演。这天，TCL 举行"开启中国大屏幕液晶电视新时代发布会"，国美、苏宁、永乐等国内电器零售连锁巨头都来了，TCL 为它们准备了一个好消息——从当日起，TCL 向它们全面下调大屏幕液晶电视价格，降幅为 30%！

TCL 多媒体事业本部总裁史万文放出豪言："今天进入大屏幕液晶电视的未来，中国大屏幕高品质液晶电视进入百姓家庭的序幕已经徐徐拉开。"

第二天，这句话便一字不落地出现在了各报纸的黄金版面上。

这条新闻，字字如刀扎在二三线液晶电视生产商的心上：国内传统电视市场在经过多年的杀伐后，强弱格局已经尘埃落定，一时谁也难有更大的斩获；而以液晶电视为代表的高端彩电消费市场开始有明显上升趋势，TCL 已经率先吹响号角，其他生产商岂能袖手旁观，坐以待毙？

此时，液晶电视市场的真实状况却是——是绝佳的机会，也存在很大的风险：（1）市场总容量偏低，单款产品难以形成可靠利润空间；（2）成本结构不稳定，存在迅速降价风险；（3）消费者对液晶电视认知度不高，需要厂商投入大量资源进行市场普及。

然而,商业的情人是风险,风险的兄弟是暴利。

急于分一杯羹的二三线品牌快速做出反应。液晶生产线尚不成熟,行不行先建上;终端走货速度慢,卖不卖先铺上;液晶面板等关键元器件价格不稳定,用不用先囤上——大干快上,一切为了抢占市场先机。

在TCL开启"液晶彩电新时代"之后的一年里,市场上活跃的全是二三线品牌的身影,厂商砸出的广告,差点让本·拉登都无处躲藏。

然而,他们都充当了先按按钮的小猪角色,策略失误,在劫难逃。

在整个2004年,国内液晶电视市场全国销量不足20万台,如此狭窄的市场里集中着20多个品牌的数百款产品。对二三线品牌而言,根本没有利润空间,销量突破5 000台的品牌寥寥无几,某些品牌仅样机的损失就过亿元,投入和产出严重失衡,而且"投入越多,亏损越大"。

此外,他们高价囤进的液晶面板,由于技术进步,价格高台跳水,都成了烫手山芋,只有尽快生产,低价甩卖。重压之下,那些较早进入市场的洋品牌也开始招架不住,忍痛大降价,接受中国市场启动期的残酷洗礼。

此时,"液晶电视时代"的吹鼓手——TCL,又在哪里呢?它放了一把火之后,自己却低调了起来,没有在市场上发力,而是悄悄地进行研发和产能布局,培植决胜未来的竞争力。

2005年年初,液晶电视市场终于被广告烧热,"大猪"们迅速开始了行动。TCL以"银狐""薄典"两大系列产品强力轰击市场,在短短几个月内,占有率上升到13%,跃居第一;同时,长虹的"感官革命"、康佳的"大平板、大娱乐"、创维的"六基色"等营销活动纷纷登场。

2005年9月,SVA、厦华等二线品牌的市场份额比自己的巅峰时期缩水了20%—45%,一批活跃在液晶领域的三线品牌彻底退出了市场。在这一年里,TCL、康佳、长虹、创维几大品牌瓜分了国内大部分液晶电视市场。

在液晶市场真正开始翻腾起利润时,那些"小猪"们,差不多都成了看客。他们的悲剧就在于忘记了——跟随是他们的占优策略。沉不住气,便往往要自掘坟墓。

3.1.5　讨价还价模型

当交易的主体在某种程度上是唯一的，议价可以看作这类交易的一大特征。唯一性让参与者有一定的垄断力或者议价的能力，这也使得谈判破裂的成本很高。如果一个博弈参与者没有垄断力，那么一旦谈判破裂，另一个参与者便会选择离开，寻求其他更为有利的交易。垄断力让参与者影响交易条款，垄断力能够提升价格制造者的地位而不是价格接受者的地位。如果交易双方都具有垄断力，那么他们需要通过谈判来决定交易条款。在简单的买方和卖方的销售交易中，买方希望能够低价买入，而卖方希望能够高价卖出，如果双方都不是价格接受者，那么他们就会进行讨价还价。谈判价格越低，买方获利就越多，而卖方的获利就越少。当人们分配一项可分配资源的时候，比如一笔钱、一块地、一块蛋糕，以及任何交易双方都想得到更多份额的物品，人们都会对"谁得到什么"进行议价，对"谁做什么"进行议价也是很普遍的。

1982 年，马克·鲁宾斯坦（Mark Rubinstein）用完全信息动态博弈的方法，对基本的、无限期的完全信息讨价还价过程进行了模拟，并据此建立了**完全信息轮流出价讨价还价模型**（**bargain model**），也称为鲁宾斯坦模型。鲁宾斯坦把讨价还价过程视为合作博弈的过程，他以两个参与人分割一块蛋糕为例，使这一过程模型化。

在这个模型里，两个参与人分割一块蛋糕，参与人 1 先出分配方案，参与人 2 可以选择接受或拒绝。如果参与人 2 接受，则博弈结束，蛋糕按参与人的方案分配；如果参与人 2 拒绝，他将还价，参与人 1 可以接受或拒绝；如果参与人 1 接受，博弈结束，蛋糕按参与人 2 的方案分配；如果参与人 1 拒绝，他再出价；如此一直下去，直到一个参与人的出价被另一个参与人接受为止。因此，这属于一个无限期完美信息博弈，参与人 1 在时期 1，3，5，……出价，参与人 2 在时期 2，4，6，……出价。

这里需要涉及贴现因子的问题。贴现因子在数值上可以理解为贴现率，就是 1 个份额经过一段时间后所等同的现在份额。这个贴现因子不同于金融学或者财务学的贴现率之处在于,它是由参与人的"耐心"程度所决定的。"耐心"实质上是讲参与人的心理和经济承受能力,不同的参与人在谈判中的心理承受能力可能不同,心理承受能力强的可能最终会获得更多的便宜;同样,如果有比其他参与人更强的经济承受能力,也会占得更多的便宜。由于贴现因子的作用,参与人在本期所得的份额 X 和下期所得同样份额的 X 在价值上是不相等的,下期的 X 经过贴现只能等于本期的 δX,要小于本期的 X。因此,参与人均应尽快接受对方合理的报价,否则,即使在下期谈判中获得相同甚至更多的份额,贴现过来也还是可能小于本期的份额。

我们用 X 表示参与人 1 所得的份额,$1-X$ 为参与人 2 所得的份额,X_i 和 $1-X_i$ 分别是时期 i 时参与人 1 和参与人 2 各自所得的份额。假定两个参与人的贴现因子分别是 δ_1 和 δ_2。这样,如果博弈在时期 t 结束,参与人 1 的支付的贴现值会是 $W_1=\delta_1^{t-1}X_t$,参与人 2 的支付的贴现值是 $W_2=\delta_2^{t-1}(1-X_t)$。双方在经过无限期博弈后,可能得到的纳什均衡解为:

$$X' = \frac{1-\delta_2}{1-\delta_1\delta_2} \quad (\text{如果 } \delta=\delta_1=\delta_2,\ X'=\frac{1}{1+\delta})$$

□ 经典案例:美国 RJR Nabisco 公司争夺战[①]

20 世纪 80 年代的一桩杠杆收购案——美国 RJR Nabisco 公司收购案,被称为"世纪大收购"的交易以 250 亿美元的收购价震惊世界,成为历史上规模最大的一笔杠杆收购,并且使后来的各桩收购交易望尘莫及。

这场收购战役主要在 RJR Nabisco 公司的高级管理人员和著名的收购公司 KKR(Kohlberg Kravis Roberts&Co. L. P.)公司之间展开,但由于它的规模巨大,其中不乏像摩根士丹利、第一波士顿这样的投资银行和金融机构的直接或间接参与。"战役"的发起方是以罗斯·约翰逊(Ross Johnson)为首的 RJR Nabisco 公司高层管理者,他们认为公司当时的股价被严重低估。1988 年 10 月,管理层向董事局提出管理层收购公司股权建议,收购价为每股 75 美元,总计 170 亿美元。虽然约翰逊的出价高于当时公司股票 53 美元/股的

[①] 布赖恩·伯勒、约翰·希利亚尔著,张振华译:《门口的野蛮人》,北京:机械工业出版社,2010。

市值，但公司股东对此却并不满意。不久，华尔街的"收购之王"KKR公司加入这次争夺，经过6个星期的激战，最后KKR胜出，收购价是109美元/股，总金额250亿美元。KKR本身动用的资金仅1 500万美元，而其余99.94%的资金都是靠垃圾债券大王迈克尔·米尔肯（Michael Milken）发行垃圾债券筹得。

在这个案例中，参与收购的各方竞相出价收购RJR，从一开始的75美元最后飙升至109美元，这些竞价者和RJR之间的相互博弈上演了一出真实版的讨价还价模型，最后，出价最高的KKR在米尔肯的帮助下获胜。

☐ 经典案例：双向垄断的劳动力市场

议价的一个典型例子就是在双向垄断的劳动力市场，雇主和工人之间对每年工资发放进行协商的过程。在双向垄断的情况下，雇主和工人都具有垄断力，双方都不是价格接受者，即在本例中是工资接受者。如果工人是由单个工会代表的，就会有垄断力。在这种情况下，工会是他们劳动力的垄断卖方。当雇主是劳动力市场上唯一的或主要的雇主时就具有了垄断力，此时该雇主被称为买方垄断者。一些在孤立城镇的大型公司是较强的买方垄断者，因为它们雇用了很大一部分的城镇劳动力。此外，如果大量的雇用了优秀人才的雇主相互勾结组成雇主联盟，就占领了垄断地位。一些国家体育联盟的俱乐部就是这样运营的。譬如，英国足球联盟俱乐部同意引入工资最高限额和其他一些工资限制方案，足球运动员们只能接受这样的工资控制方式，除非他们足够优秀能够选择去其他地方踢球。

在雇主和工会对工资的谈判上，双向垄断的市场下他们能够对公司利润进行有效的分配。公司希望支付较低的工资，而工会希望得到较高的工资。工资越高，工会便能得到更多的公司利润。谈判的结果会得到双方都同意接受的工资，协议的达成取决于他们间相对的议价能力。然而，我们在谈判开始时能够确定的只有谈判区域或者不确定区域的上限和下限。议价理论将尝试预测在此区域内可能存在的结果。

为说明议价问题,我们可以深入分析一个特殊的例子——单个公司与代表所有公司员工的单个工会之间的议价。我们首先从公司角度进行分析,然后从工会角度进行分析(详见 Sapsford and Tzannatos,1993:第 11 章)。图 3-6 是公司角度的情况。

劳动力需求曲线反映了对公司收益的劳动力增长或边际贡献。根据边际回报递减理论,劳动力需求曲线线性下降。这表明随着雇用的劳动力越多,劳动力产出的边际贡献越少。因为公司是买方垄断者,其劳动力供给曲线向上倾斜,若要吸引更多的劳动力,就需要支付更高的工资给所有的员工。劳动力供给曲线决定了劳动力的平均成本,因为平均成本是增长的,劳动力的递增或边际成本必定高于平均成本,因此边际成本曲线位于劳动力供给曲线的上方。当公司雇用劳动力的数量使得雇用劳动力的边际成本等于获得的边际收益时,也就是公司劳动力需求曲线和公司劳动力的边际成本曲线交界点,决定了公司的利润最大化。当公司雇用劳动力数量达到图中 L_f 时,就能满足利润最大化的情形。而雇用 L_f 的劳动力需要支付至少 W_f 的工资。

图 3-7 表示工会角度的情形。工会也想通过谈判最大化自身的收益。工会的收益是通过经济租金测量的。经济租金就是工会所有成员的工资收入和提供劳动力的总意愿的差。后者是由他们对工作的个人偏好和闲暇时间决定的,在图中由劳动力供给曲线以下的区域表示。劳动力需求曲线决定了工会的平均回报或收益,因为劳动力需求曲线向下倾斜,工会的边际收益曲线位于劳动力需求曲线的下方。当工会提供劳动力的边际成本和边际收益相等时,工会的经济租金最大化。当雇用劳动力总量为 L_u,支付的工资为 W_u 时,经济租金最大化的情况得到满足。

因为公司和工会都具有垄断力,他们所偏好的结果都不能得到保证,因此存在不确定性区域,如图 3-8 所示。

议价区域的上限是由 W_u 决定的,下限是由 W_f 决定的。(使工会垄断租金最大化的工资)是工会需求的可能的起始工资,(使买方垄断着利益最大化的工资)是公司能够提供的可能初始工资。

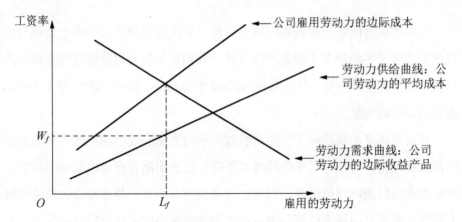

图 3-6　垄断买方公司的利润最大化选择

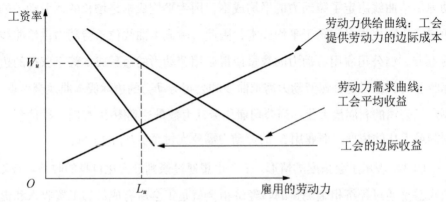

图 3-7　工会的角度

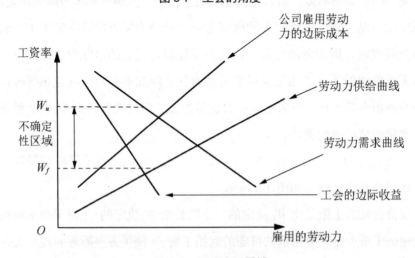

图 3-8　不确定性区域

然而，议价区域可能会比图 3-8 中的不确定区域小。工会不可能接受获得的工资低于成员离开公司后在其他地方就职（如果必要的话通过搬家或改变职业生涯）能赚取的工资。工资是在公司和工会之间没有协议的情况下工会成员能获得的最佳工资水平。公司不大可能接受任何高于 W_f 的工资，在 W_f 的工资水平下，公司的利润水平最低，从而可能导致公司裁员或倒闭。在没有达成协议的情况下，求和是工会和公司的威胁结果，是他们的最佳替代结果或备用立场。威胁结果下，参与者一方的支付决定了他威胁不接受另一方报价并坚持的可信度。参与者的后备立场越好，他们的威胁付诸行动的可信性就越大，他们愿意承认避免威胁的可能性就越小。参与者不大可能接受在没有协议情况下的结果更糟的情形。因此，我们可以得出谈判达成一致的工资结果都会落在 W_u 和 W_f 之间，并高于或等于 W_f 但低于或等于 W_u。其中工资结果落于这些极值之间，至于雇用多少劳动力则取决于工会和公司的谈判过程。议价理论试图预测这种特殊情形下或其他类似情形下谈判过程的可能结果。

□ 经典案例：同时行动讨价还价[①]

假设管理层与工会在对涨工资进行谈判，策略包括工资的提供和需求。成功的谈判会有 600 万美元盈余，必须在各方进行分配，然而谈判失败会造成公司损失 100 万美元，工会损失 3 万美元。公司管理层和工会同时行动，并且只允许有一次机会达成协议。假如双方的策略是每小时工资率（W）为 $W=10$ 美元、$W=5$ 美元、$W=1$ 美元。根据这些信息，博弈的收益矩阵如表 3-6 所示。

表 3-6　收益矩阵

		管理层/工会		
		$W=10$ 美元	$W=5$ 美元	$W=1$ 美元
策略	$W=10$ 美元	100，500	−100，−3	−100，−3
	$W=5$ 美元	−100，−3	300，300	−100，−3
	$W=1$ 美元	−100，−3	−100，−3	500，100

① Michael Baye, Managerial Economics & Business Strategy (8th Edition).

这个博弈中一共有三个纳什均衡，即（10,10）、（5,5）和（1,1）。同步行动的讨价还价会导致合作的问题。实验证明，在没有任何历史的情况下，真实的博弈方都会选择为公平的结果而合作，也就是非常可能双方会同意（5,5）。当有一个讨价还价的历史时，其他结果可能发生。

3.1.6 霍特林模型

□ 霍特林模型与区位理论

霍特林模型（Hotelling model）是研究厂家差异化选择的理论。在该模型中，消费者认为每家厂家的产品在地理或者产品特征空间中具有一个特殊的位置，两种产品在地理或产品特征中越接近，它们就越是好的替代品。消费者在地理或产品特征空间中与卖方越远，则其购买成本就越高，厂商或者产品只与临近它们的厂商或者产品展开直接竞争。

为简单起见，我们考虑这样一个例子，海滩上有两家同质的冰激凌店，它们所需要考虑的是店面在直线型海滩上的布点问题。如图3-9所示，我们假设游客在海滩上平均分布，将海滩视为一条长度为1的线段。

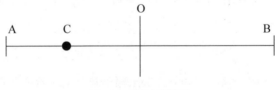

图3-9 霍特林线段

考虑其中店1的布址，O为线段中点，假若该店不在此布址，不妨设为点C，那么，店2只需在线段OC上靠近C点的位置布址，记为C′，则因两家店产品的同质性，C点左侧的顾客为了节省路程将光顾店1，而C′右侧顾客将光顾店2，显然店2的顾客更多。对于店1并非最好的结果，同样，如果店2布址不在O点，则店1可采取策略获得更多的客户。从而均衡为两家店均布址在中间O点，各得一半的客户。

我们还可以用这条线段模型理解关于产品特征的选择。比如麦片的含糖量，以 A 为零含糖量，B 为最大含糖量，假设消费者偏好在 A 至 B 平均分布，厂商选择含糖量则对应于线段 AB 上的一个点。同样，最终均衡为两方均选择中点含糖量位置。

- 经典案例：麦当劳、肯德基选址

我们会经常发现，麦当劳和肯德基的店面经常开在彼此对面，这就是霍特林模型的实例。作为博弈双方的两家公司，经营产品差异性小。因此，选址对于它们的重要性就显得十分重要，它们都需要争取客户。根据霍特林模型，两家公司会趋于选择中间点，即将店铺开在同一位置。

3.1.7 掠夺性定价

- 何为掠夺性定价

掠夺性定价（predatory pricing）又称劫掠性定价、掠夺价，有时也称掠夺性定价歧视，是指一个厂商将价格定在牺牲短期利润以消除竞争对手并在长期获得高利润的行为。

掠夺性定价是一种不公平的低价行为，实施该行为的企业占有一定的市场支配地位，它们具有资产雄厚、生产规模大、分散经营能力强等竞争优势，所以有能力承担暂时故意压低价格的利益损失，而一般的中小企业势单力薄，无力承担这种牺牲。

其次，掠夺性定价是以排挤竞争对手为目的的故意行为，实施该行为的企业以低于成本价销售，会造成短期的利益损失，但是这样做的目的是吸引消费者，以此为代价挤走竞争对手，行为人在一定时间达到目的后，会提高销售价格，独占市场，提高价格以补偿掠夺期损失。

- 掠夺性定价理论

声誉模型（Reputation model）。声誉模型认为在位厂商对现有竞争对手的掠夺性定价行为会对其未来的潜在竞争对手产生影响。企业在今天制定一个低价格是试图建立一个自己是强有力的攻击性在位厂商的声誉，以阻止企业进入同一市场或其他企业进入其他的市场。声誉模型的思想来自对连锁店悖论的解释。在连锁店模型中，一个居于市场支配地位的企业在多个区域性市场经营，每个区域市场都面临潜在的进入者。这样在为厂商通过在某一个或某几个市场中采取掠夺性定价策略，排斥进入者并建立一种强硬的声誉，会阻止其他企业进入其他区域市场。在此之后，恢复进入前的价格，实行垄断定价。

信号模型（signaling model）。信号模型认为在位厂商通过掠夺性定价向潜在进入者表明进入是无利可图的。在进入者准备进入市场时，它不能判断在位厂商是高成本还是低成本。如果在位厂商是高成本，进入将有利可图；如果在位厂商是低成本，进入将会亏损。显然，在此情况下，高成本在位厂商会有激励显示自己是低成本，以试图阻止进入，而低成本在位厂商则无此激励。

这里存在两种可能的均衡结果：**分离均衡**（separating equilibrium）和**混合均衡**（pooling equilibrium）。

在分离均衡情况下，低成本厂商制定一个低价格，这个价格是高成本厂商无法模仿的，由于其成本高，采用此价格会产生亏损。因此，高成本厂商的理性选择是制定垄断价格。在此均衡下，低成本在位厂商策略性的牺牲短期利润以阻止进入和获得未来收益并不会伤害福利。因为通过分离均衡排除了高成本企业的模仿行为，而且相对于完全信息下低成本企业始终制定垄断性价格的情况，在不完全信息下低成本在位厂商在短期会降低价格，这增加了福利。

在混合均衡情况下，由于不存在可以将低成本在位厂商和高成本在位厂商区别开来的定价。在此情况下，高成本在位厂商有可能通过在开始制定低价格来阻止进入，并在其后的阶段获取垄断利润以弥补损失。显然，这种掠夺性定价行为是降低福利的。

"深口袋"模型（deep-pocket model）。不完善金融市场"深口袋"理论是建立在金融市场不完全的假定基础上，即银行等贷款方和企业等借款方之间存在信息不对称。由于在位厂商的多年经营，已经积累了大量的资源（深口袋），它并不面临紧的融资约束，而进入者则由于资源缺乏（浅口袋），必须借款以进入市场参与竞争。在此情况下，在位厂商的掠夺性定价将降低新进入者的盈利可能性，降低其资产的价值，从而降低了新进入者获得贷款的可能性，最终将新进入者挤出市场。因此，"深口袋"理论说明，在位厂商通过掠夺性定价使新进入者无法获取必需的资金，从而阻止其进入。

掠夺性定价的含义非常简单：掠夺方在掠夺阶段遭受损失，然后在垄断阶段得到补偿。因此掠夺是否理性，取决于两阶段总利润是否大于零。芝加哥学派分别从被掠夺方、掠夺方和垄断利润能否获得三方面抨击了掠夺性定价是理性战略的观点。根据其观点，首先，在掠夺阶段，被掠夺方可以获得资本市场的资金支持和消费者支持，从而度过掠夺期，致使掠夺失败；其次，掠夺方掠夺期损失大于被掠夺方损失，损失不对称导致掠夺无法成功；最后，垄断利润的获得具有很大的不确定性，进而掠夺损失的补偿就无法保证。具体而言，从被掠夺方角度考虑了资本市场和消费者联合。

芝加哥学派的分析隐含完全信息的假定，这个假定是非常关键的。后芝加哥学派放松了这个假定，得出了截然相反的结论：如果假定更接近现实的不完全信息，那么低于短期最优水平的定价——目的是遏制进入、引诱退出或者威慑对手以便缓和竞争，将会成为理性战略。而且掠夺收益不仅来自掠夺市场，掠夺可以视作声誉投资——一个市场的掠夺通过遏制进入和威慑对手，可以在其他相关的地区或产品市场获利。掠夺性定价的不对称信息博弈模型包括：信号传递模型——存在一个和信号接收者利益相关的参数，该参数值不能被信号接收者直接观察到，只能根据相关信息推断，而信号发送者可以通过有代价的行动影响该参数的推断值，进而影响信号接收者的行动选择。信号阻塞模型——博弈方均不知参数值。信号发送者的行动不能被信号接收者直接观察到，信号发送者的行动影响信号接收者可观察到的一个变量的分布，从该变量可以推断此参数值。

□ 对于掠夺性定价作用的认识

不论在国内还是国外的法律法规中，掠夺性定价都是一种价格垄断行为，实施掠夺性定价的主体也都是行业中有实力的在位厂商，但许多经济学家认为，要借掠夺性定价策略来驱逐所有竞争对手并达到垄断的目的是很困难的，其理论依据也是不充分的。

第一，优势厂商通过掠夺性定价，给竞争对手或潜在竞争者以无利润"信号"以诱使其主动退出或不进入。可是如果竞争对手知道优势企业实行的是掠夺性定价，那么，"信号"就是虚假的，竞争者不会主动退出。

第二，如果实施掠夺性定价的厂商是众多竞争者中的一个，它最多会使市场中实力相对较弱的厂商感到紧张。相反由掠夺性定价带来的亏损却会伤害厂商自己，而让较强的竞争者（如第二位厂商）领先，理性的厂商不会这样做。因此，在竞争者足够多（如四个以上）时，不会有垄断意图的掠夺性定价。

第三，如果在位厂商与竞争对手相比优势不明显，成本差距不大，一旦采取掠夺性定价就会遭受比竞争对手更多的损失，影响厂商的实力，给竞争对手以缩小差距的机会。

第四，如果在位厂商采用掠夺性定价驱逐竞争对手，竞争对手存在巨大的退出障碍，退出所遭受的损失就比继续经营的损失更大，更不会轻易退出。而且，如果竞争对手预计到在位厂商的掠夺定价是短期行为，它可能会暂时减产或利用其资产转而生产其他产品。这样，优势厂商要成功地逼走竞争对手就需一个较长的时期，其中所受巨额损失难以弥补。

第五，在实行掠夺性定价后，由于价格水平大幅度下降，会导致市场需求大幅度增加，在位厂商必须提供足够的产品满足增加的需求。如果不能满足，价格的回升导致掠夺性定价策略失败。如果在位厂商增加投资，增加生产量以满足增加的市场需求，它又将遭受更大的损失。

第六，即使在位厂商通过掠夺性定价把竞争对手成功地挤出了本行业，如果在位厂商恢复垄断高价，则不能阻止竞争对手重新返回，因此这种垄断也只是暂时的,优势厂商不能获得高额垄断利润,掠夺性定价是无效的。

□ 经典案例:美国烟草[①]

香烟制造业是美国集中度最高的行业之一,一直以来由六家公司控制,其中包括 Brown & Williamson 公司和 Brook Group 股份有限公司,二者各自所占份额分别约为 12%和 2%。到 1980 年,美国的香烟需求降低,Brook Group 处在出局的边缘。为摆脱困境,Brook Group 开发了一条 black and white generic 香烟生产线,这种香烟的价格低于品牌香烟将近 30%,另外该公司还通过折扣的方式提升了批发水平。

到 1984 年,Brook Group 的销售已超过整个香烟市场份额的 4%。black and white 的成功导致其他名牌香烟的利润损失,其中 Brown & Williamson 的损失最大,因为它的消费者对香烟价格变化很敏感,其市场份额中的 20%转而购买 black and white。这使 Brown & Williamson 决定也进入香烟市场的无品牌部分(generic segment)。1983 年 7 月,Brown & Williamson 开始销售 Value-25s,并于 1984 年春天开始生产自己的 black and white 香烟,与 Brook Group 无论在批发还是零售方面都进行直接的竞争。

在零售上,Brown & Williamson 的 black and white 价格与 Brook Group 的相同,但是 Brown & Williamson 给批发商的折扣却相对高一些,而且其折扣的构成种类也相对多一些。在这种情况下,Brook Group 进行了回击,也提高了自己的批发折扣,双方开始了五轮折扣战,最后的结果是 Brown & Williamson 在赔本的情况下销售 black and white,并且在这一价格战发生时,Brown & Williamson 还没卖出一根 black and white 香烟。另一方面,Brook Group 对 Brown & Williamson 提起了诉讼,包括商标侵权、不公平竞争及价格歧视,这些诉讼均被驳回了。Brook Group 还控诉 Brown & Williamson 的价格歧视行为会破坏竞争,其将净价格降低到比平均可变成本低的行为是一种掠夺性定价行为。Brook Group 认为这些低于成本的价格对它来说不是

[①] http://www.tobaccochina.com/news_gj/law/wu/20087/2008721153236_313941.shtml。

种激励,而是会迫使它提高无品牌香烟的价格,从而减小其与品牌香烟在价格上的差距,最终限制低价市场部分的成长,并保持 Brown & Williamson 在品牌香烟上的超额利润。

□ 经典案例:松下"自来水哲学"[①]

松下幸之助曾对员工说:"水虽然是有价的,可是一旦处处可见,价值也就几乎为零了。在人类社会中,冰箱或衣料等物品,也和水一样是生活必需品,如果大量生产这些物品,其价格也会相当低。我们的任务就是制造像自来水一样多的电器,这是我们的生产使命,尽管实际上不容易办到,但我仍要尽力使物品的价格降到最低的水准。"

这就是松下幸之助的"自来水哲学",也称低价占领市场策略。

松下公司创立于1918年,最初只是生产一些简单的电器插座,后来又研发了电熨斗、电热水器、电炉、干电池、无线电器材等,直到与飞利浦公司合作,开创了松下电器的新纪元。

20世纪30年代,日本市场上开始流行电熨斗,因为价格昂贵,只有少数的富裕人家才用得起。而这之前人们大多用的是铁熨斗,铁熨斗笨重,还容易烫伤人和衣物。电熨斗不仅避免了这些缺点,而且美观大方,正是家庭主妇们梦寐以求的,但是由于价格的因素大大地影响到规模生产。看来只有降价这一条路可走了,但是松下幸之助认为,降价不能降质量,必须保证一流产品的质量,同时价格比市场上现有的一流产品便宜30%。而只有规模化的生产才能达到降低价格的目标。

于是,松下幸之助决定了月产1万把的计划和以每把3万日元的价格(其他厂家的是4万—5万日元/把)投放市场,结果产品供不应求,再一次印证了"自来水哲学"。

低价是建立在稳定的盈利基础之上的,降价却可能是放弃部分或全部盈

[①] 松下幸之助:《自来水哲学:松下幸之助自传》,海口:南海出版公司,2008。

利,甚至是接受亏损的无奈之举。

"自来水哲学"是松下幸之助一生经营活动的总结和写照。他之所以能够在企业经营管理方面取得如此巨大的成功,是因为他巧妙地运用了他自己提出的独特经营管理思想。在晚年,松下在对自己一生的经验教训进行整理时,道出了令亿万人为之倾倒叹服的一系列经营秘诀,为人们打开了一道通往经营成功的大门。自来水哲学即为其中之一。直到今天,这些秘诀仍在世界范围内发挥着极大的作用。

3.1.8 渗透定价

□ 何为渗透定价

渗透定价(penetration pricing)是指通过在商品或者服务上市初期设定最初价格,利用消费者求廉的消费心理快速抢占市场来吸引大量的购买者,并赢得较大的市场份额的定价策略。也就是我们常说的"薄利多销"。企业通过较高的销售额来产生规模效应,达到降低成本的目的,能够保证收益,并在此基础上通过改良技术或者销售渠道来进一步降低价格和发展市场,或者开发新产品,从而形成营销的良性循环。

渗透定价策略适用于市场需求弹性比较大,遭遇价格战的概率较低,商品或者服务的生产具有较为显著的规模经济效应并能够降低运营成本的情境。例如,在美国,戴尔电脑就是采用渗透定价策略,绕过代理做到厂商直销,节省了代理中介的费用,通过低价格的邮购销售渠道达到了降低价格的效果,从而使得其销售量大增,超过了同品质下通过代理中介来进行市场营销的竞争对手 IBM、苹果等。而零售领域内的龙头沃尔玛公司在超市中采用的折扣和低价策略,也是渗透定价策略在零售领域内的经典案例,帮助沃尔玛成为世界连锁超市领域内最大的公司。

可口可乐公司是将渗透定价策略运用的非常好的一家企业。在 1995 年,可口可乐将其多年信奉的营销策略由 3A 变为 3P,即由买得到(available)、乐得买（acceptable）、买得起（affordable）变为无所不在（pervasiveness）、首选之物（preference）、物有所值（price to value），这明确表达了公司将渗透定价策略进行了某种程度的升华，更加适应现在市场的情况。本来的低价策略"买得起"变成"物有所值"，这可以认为是更加有效率的低价策略，在价格不变的情况下提升了品质。而"无所不在"的理念，更加体现了渗透定价策略的直接结果——占领大部分软饮料市场的份额。

充当市场领先者的好处是在涉及价格的竞争中，追随者对先入者的动作不会没有反应，但是先入者却会保持这种优势，来"牵着鼻子走"，保持一种居高临下的优势。例如，可口可乐在2002年推出的1.5升和2.25升装的大容量促销可乐、雪碧和芬达，就对百事可乐半个月后推出的类似产品造成很大的竞争压力，直接造成百事可乐的相关产品积压严重。

当品牌地位确立以后，先入者面对追随者的价格战攻势，则可以用它相对稳定的价格来坚定销售渠道的信心和表达面对挑战者的从容。娃哈哈的非常可乐推出之后，也试图采用渗透定价的策略，直接将同类产品相对可口可乐降价10%，但可口可乐的价格和销量却并未受到影响。

从经济学的角度而言，渗透定价策略中蕴含管理经济学的方法和博弈的思想。从一个市场的进入和追随的过程来看，先入者通过制定自身的发展策略达到目的，在这个过程中必须考虑追随者将采取的行为——这就是一个重复博弈的过程。渗透定价策略的制定者一般是考虑了追随者无法采取价格战与之抗衡或者采取价格战的代价过于严重的情形后才制定此策略。对于追随者而言，其采取的跟随策略则只能在后进的劣势环境下被"牵着鼻子"处处跟随。渗透定价的风险来自低价带来的低微利润，因为销售数量的增长不一定能够弥补价格下降带来的损失；同时在市场上低价品会对消费者造成"便宜没好货"的影响。

渗透策略一个重要的假设是市场需求的价格弹性很大，即消费者购买决策的关键因素是价格因素。但是市场渗透策略在短期内很难实现预期的收益目标，有些消费者认为便宜没好货，这就可能使这些策略失灵。

□ 经典案例：西安《华商报》的市场发展策略[①]

在 1997 年重组之前，《华商报》的经营可谓惨淡，1997 年发行量不足 2 万份。但重组之后该报纸采取了一系列运作方案，一年后发行量就超过了 40 万份。目前，《华商报》已经成为陕西省报纸行业"一哥"，覆盖了省会西安和陕西省几乎所有的中等城市，其超常规跳跃式的发展速度被业内人士称为"报业发展史上的奇迹"。

而孕育了这个奇迹的重要推手之一就是其采取的渗透定价策略。相对于一开始就采取商品获取高额回报的吸脂定价，渗透定价更加适合报纸这种毛利较低但销量很大的商品。《华商报》正是在开始采取和同类产品同质但定价较低的策略吸引消费者来尝试，从1997年的0.5元到2000年的0.8元再到2008年的 1 元，同时结合针对不同的消费者有不同的价格歧视策略，进一步扩大了利润和市场份额。

《华商报》的主要竞争对手是《西安晚报》和《三秦都市报》，1997 年时虽然三者定价相同，但《华商报》比其他两者的版面多 20%—30%，这也就对消费者造成了相当的吸引力，而这种渗透定价策略也只是一开始为了其产品及品牌能迅速被市场所接受和认可，并非以此作为最大化利润的手段，后期的提价也顺理成章。1999 年，《华商报》推出了"由特殊商品经营到品牌经营"的战略，业务完成了二次转型，版面也相应扩大了近 2 倍，同时也于 2000 年提价到 0.8 元/份，但一方面由于产品容量大增，另一方面由于其品牌忠诚度已经形成，大大降低了其决策风险，很好地完成了渗透定价的后续工作——通过提价来最终达到利润最大化。到了 2008 年，《华商报》涨价到 1 元/份，同时也扩充了版面，成为高价定位的报纸旗手，但此时由于品牌效应的影响巨大，同时读者议价能力较弱，加之其对低价易耗的报纸本身价格并不敏感，从而其涨价的风险得到了很好的控制。

渗透定价背后的博弈是我们应当加以思考的东西。仍以《华商报》以及

---

① 许加彪：《商品特质、市场结构与〈华商报〉的渗透定价策略分析》，《新闻大学》，2009 年第 4 期。

报纸行业的市场为例。有学者认为,中国目前的报业市场是一个寡头垄断之间的竞争,这是介于垄断和完全竞争之间的一种市场结构,但在西安的报业市场上,2000年左右,由于先行者《华商报》的成功,吸引了《西安晚报》《三秦都市报》等一系列报纸加入竞争,短期内确实造成了垄断竞争的格局,但是最终的结果则是追随者纷纷败退,形成了先入者《华商报》的一枝独秀。

在垄断竞争市场结构条件下,差异化程度越大,获得的定价权力就越大,当其成为主导时,就成为价格的控制者,进而使市场结构向寡头垄断过渡,形成价格领导制。《华商报》从初创期的低位定价者,经过十年发展后,摇身一变成为具有定价权的媒体。经过市场竞争的洗礼,西安报业市场的都市类报纸从高峰时的8家,变成当前只剩下有发言权的3家。《华商报》定价从报纸发展的整体战略出发,在不同阶段实施了不同的价位:市场引入期时的低价位快速圈地,成长期时的拉升价位品牌经营,成熟期时的回归本位寻找新突破。在中国市场经济体制下,报纸媒体的定价是一个垄断竞争和博弈的过程,《华商报》很好地应用了渗透定价的策略,给我们上了生动的一课。

□ 经典案例:美的电器[①]

美的电器,这个小家电的巨无霸,现今在不断向大家电进行突击。其从电饭煲、电风扇起家,发展到电磁炉、微波炉等小家电,并且逐步推进到空调、冰箱等大家电领域;其也从原来的小家电冠军,正在逐步演绎成为涵盖大家电的"全能王"。

综观美的电器发展史,其起家产品为电饭煲,但美的并不是电饭煲在中国家电市场的缔造者。美的电饭煲公司成立于1993年,那时电饭煲在市场上还是个新鲜产品,而在终端上,美的始终居于三角、爱德等品牌后面,默默无闻地做一个追随者,市场销量排名一直也在前五名左右徘徊,这种状况一直持续到1997年。但随后美的在一系列小家电市场上采用了渗透定价的策略迅速占领市场。例如,美的在微波炉市场颠覆了微波炉鼻祖格兰仕;在豆浆

---

① http://www.sino-manager.com/200947_3802.html。

市场正在颠覆豆浆机鼻祖九阳；在空调市场正在颠覆空调龙头老大格力；等等。并且，美的电器在发力的时候，其速度之快、打击竞争对手之狠、切入时间之准让业界震撼。在这些战场上，美的无一例外采用的是渗透定价的策略，降价幅度最高达到 60%以上。这是一个在外界看来"赔本赚吆喝"的买卖，但是美的却成功地通过这种手段打开了市场，并一举成为家电生产行业的"腾讯"。尽管在产品质量和商业模式上还常为人诟病，但美的采取渗透定价的眼光和魄力，以及随后的成功，却值得我们认真学习。

3.2 利益均沾：合作博弈

3.2.1 合作博弈：鱼与熊掌可以兼得

□ "公平"与合作博弈

博弈论从一开始就分为两个分支，一个是非合作博弈，另一个是合作博弈。进入 20 世纪后，随着信息经济学的发展，非合作博弈在研究信息不对称情况下市场运行机制的运行效率问题中发挥了重要的作用，从而使得非合作博弈相对于合作博弈在经济学中占据了更为主导的地位。现今欧美大学经济学系的研究生课程中，非合作博弈都作为一门必修课来进行。

但是，合作博弈并未消失，而且事实上受到了更多的重视。不仅来自理论上的鼻祖 J. 冯·诺依曼（J. von Neumann）和 O. 摩根斯坦（O. Morgenstern）大篇幅的介绍，而且在于随后夏普利（Shapley）的公理化刻画。在实践中，合作博弈广泛应用于市场经济中外部性导致市场失灵的情况。其他包括股份制企业的利润分配，合资企业的决策权，社区的财政支出和分配等问题均可以由合作博弈的方法来解决。

学习和研究合作博弈的重要意义还在丁它能够很好地解决中国当前的社会问题。目前我们国家提出建设和谐社会的构想，一个和谐社会不仅要建立在完善的法律基础上，同时还要有各种公平合理的分配机制。和谐的具体体现应当是利益分配上的"公平"机制。至于什么是"公平"，历史文献中有很多阐述。早在春秋时期孔子就曾说过："有国有家者，不患寡而患不均，不患贫而患不安。"（《论语·季氏篇·季氏将伐颛臾》）在生产力低下时，每个人的产出和投入都较少，而且彼此差别不大，此时平均分配产出就相对是"公平"的。但是随着生产力的发展，这种思想对社会生产产生了很大的消极作用，使得人们只重视分配结果的平均化，而不看重事前的激励和机会、权利平等的现代公平观念。历史上爆发的一次次农民运动，从"均贫富"的北宋年间的钟相、杨幺起义到近代提出"有田同耕，有饭同食，有衣同穿，有钱同使，无处不均匀，无人不饱暖"的太平天国运动，都是要求绝对分配的典范。在西方，早在古希腊时代，先哲亚里士多德（Aristotle）就已经意识到了公平并不是绝对公平的分配，而是相同的投入应得到相同的回报，不同的贡献应得到不同的回报。至于得到如何不同的回报，后人有很多不同的回答。而合作博弈解决的一个本质问题就是如何使得分配机制更加"公平"和"合理"。

当今世界不同国家发展水平极其不均衡，这在一定程度上是由国家间的激烈竞争导致的。不仅各国内部，国与国之间的贫富差距也日益加大，产生这些差距的一个不可忽视的因素就是不平等的贸易，特别是由此导致的对原材料和能源的不平等分配。合作博弈可以对上面的问题解答提供一个框架。同样，我们可以考虑一些经济合作组织的形成以及对成员国和非成员国的利益的影响，这样的国际贸易组织有很多，如世界贸易组织、欧盟等。

□ "利益均沾"——鱼与熊掌可以兼得

合作博弈的本质在于博弈双方或多方利益均沾，或者是至少一方利益增加，而其他各方利益不受损害，这种结果决定了社会利益是处于不断增加中的。从利益分配上来看，其本质上属于妥协让步，博弈者在竞争中要遵循事先制定的有约束力的条文规定，既可以是书面上的，也可以是口头承诺。合作博弈强调的是集体主义和相互配合，本着公平、公正、互惠互利等原则来分享利益。这种意义下的"公平"即指向利益均沾。

有一个故事：有人问天使天堂和地狱有什么区别，天使将其领进一间屋子，只见一群人围坐在一口大锅旁，却都奄奄一息。虽然他们每人都拿着一把汤勺，但因勺柄太长，他们无法将盛起的汤送到嘴里，所以都只能眼睁睁地挨饿。接着，天使又把他领进另一间屋子，同样的锅和同样的勺子，但所有的人都精神焕发，原来他们是在用长长的汤勺互相喂着对方吃。这就是天堂和地狱的区别。这个故事简单明了地诠释了合作博弈的结果。通过合作，最终实现双赢甚至多赢，这一观点已经得到了社会各界的普遍认同——小到个人的人际关系，大到企业间的强强联合和国际合作组织的纷纷建立，都有力地印证了竞争与合作并存，如果只为利益而竞争，则社会便会陷入尔虞我诈的混乱局面。

我国春秋战国时的"合纵"则是合作博弈在军事战争中的经典应用，诞生在这个时代的孙武的《孙子兵法》便被国内外许多博弈学专家认定为世界上最早的博弈论专著之一。而以苏秦、张仪为首的纵横家更是凭借三寸不烂之舌为战国时期增添了不少精彩故事。苏秦游说东方六国君主实施"合纵"，通过合作共同抵抗强大的秦国，使强秦几十年不敢轻易东进。苏秦"合纵"之前的东方六国多只知自保，甚至相互间战争不断，这样只会使六国势力因战争进一步削弱，从而给了秦国坐山观虎斗得渔翁之利的良机。但是，苏秦"合纵"后使东方六国彼此消除了敌对状态，共同把矛头指向了秦国。若秦国侵犯六国之一，其他五国会派兵援助，以六国合力与秦国对峙，使秦国统一天下的大业被推迟。

□ 经典安全：IBM 的教训

在高质打印机产品上，IBM 公司是非常成功的，针对这一情形，Howlett-Packard 公司开发了低质打印机产品。原本，两公司可以分享高质低质市场的利润，但财大气粗的 IBM 却错误决策——跟随出品了类似的低质打印机产品，从而导致了严重的低质市场的价格战，由于价格的大幅度降低所激起的巨大需求，反过来又严重侵蚀了 IBM 的高质打印机市场，可谓一着败棋，损失惨重。

□ 现代竞争不再是"你死我活"

有一个僧人走在漆黑的路上，被行人撞了好几下。他继续向前走，看见有人提着灯笼向他走过来，在微弱的灯光下，僧人发现，提灯笼的竟然是一个盲人。僧人很迷惑，就问道："既然你是盲人，为什么还要打灯笼呢？是为了迷惑别人，不让别人说你是盲人吗？"盲人说："不是的，我听别人说，每到晚上，人们都变成了和我一样的盲人，因为夜晚没有灯光，所以我就晚上打着灯笼出来。"

僧人感叹道："你的心地多好呀！原来你是为了别人！"盲人回答说："不是，我为的是自己！"僧人更迷惑了，问道："为什么呢？"盲人答道："我什么也看不见，但我从来没有被人撞到过。因为我的灯笼既为别人照了亮，也让别人看到了我，这样他们就不会撞到我了。"

点灯照亮别人，更照亮自己；反过来，若以损害对方利益为目的，最终必会伤害自己。在现代理念中，市场同样是一个由生态链相互依存形成的生态系统。随着全球经济一体化的日趋明显，营销者必须明白：现代竞争不再是"你死我活"，而是更高层次的竞争与合作。

博弈论同样适用于企业内部，要求建立高效的激励机制。如在销售人员中开展广泛的销售竞赛，就是一种激励销售力的极好方式，与按销售任务支付奖金的方式相比，优势在于管理人员不必为设定适当的报酬水平而绞尽脑汁地估计未来可能的销售情况，无论销售是困难还是容易，奖励的都是那些最出色的销售人员，而出色的销售工作本身既包含员工的努力，也包含市场及个人机遇的因素。这种方式用于对产品需求不确定的新产品销售激励中特别有效。同时，评论一个人比另一个人工作得好远比精确评价每个人的工作绩效更为方便。

3.2.2 建立卡特尔

卡特尔为法语 cartel 的音译，原意为"协定""同盟"。生产同类商品的企业之间为了垄断市场、获取高额利润而达成有关划分销售市场、规定产品产量、确定商品价格等方面的协议所形成垄断性企业联合，是资本主义垄断组织的一种重要形式，于1865年最早产生于德国，并于第一次世界大战后在各资本主义国家迅速发展。随后，垄断资本的国际化产生了国际卡特尔。生产同类商品的企业作为卡特尔成员，各自在法律上保持其法人资格，独立进行生产经营，但必须遵守协议所规定的内容。

一般而言，要在某个市场上建立卡特尔至少需要以下三个条件：

（1）卡特尔必须具有提高行业价格的能力。只有在预计卡特尔会提高价格并将其维持在高水平的情况下，企业才会有加入的积极性。这种能力的大小，与卡特尔面临的需求价格弹性有关，弹性越小，卡特尔提价的能力越强。

（2）卡特尔成员被政府惩罚的预期较低。只有当成员预期不会被政府抓住并遭到严厉惩罚时，卡特尔才会形成，因为巨额预期罚金将使得卡特尔的预期价值下降。

（3）设定和执行卡特尔协定的组织成本必须较低。使组织成本保持在低水平的因素有：涉及的厂商数目较少；行业高度集中；所有的厂商生产几乎完全相同的产品；存在行业协会。

前两个因素降低了卡特尔的谈判和协调成本，同时，高度集中使少数几家厂商就能控制整个市场，从而使价格保持较高水平。行业协会的作用主要是为市场上主要厂商的会面、协调、谈判提供更多的合法机会。为什么需要有产品同质因素呢？如果卡特尔成员产品之间差异较大，那么为了反映这种差异，价格必然会有所差异，这样使成员之间为达成统一价格增加了障碍；而且即使达成协定，成员厂商的欺骗行为也不易被察觉，因为成员厂商可以把自己的降价归因于自己的产品与其他产品的差异上，或者提高产品差别，虽仍保持价格不变，但实际上吸引了更多顾客，是一种变相降价。反之，如果产品几乎同质，厂商之间就很容易形成一个单一价格，而且成员的欺骗行为也较容易察觉。

卡特尔成立时，一般签订书面协议，有的采取口头协议形式。成员企业共同选出卡特尔委员会，其职责是监督协议的执行，保管和使用卡特尔基金等。由于成员企业之间的经济实力对比有区别，而且会随着经济情况的发展而变化，卡特尔的垄断联合缺乏稳定性和持久性，经常需要重新签订协议，甚至存在因成员企业在争取销售市场和扩大产销限额的竞争中面临违反协议而瓦解的风险。从经济学的角度而言，卡特尔能使一个竞争性市场变成一个垄断市场，属于寡头市场的一个特例。卡特尔以扩大整体利益作为其主要目标，为了达到这一目标，卡特尔内部将订立一系列的协议，来确定整个卡特尔的产量、产品价格，指定各企业的销售额、销售区域等。

3.2.3 维护卡特尔

正如上面所说，卡特尔面临的最大威胁就是博弈论中的"囚徒困境"。通常认为卡特尔的存在不会长久的观点，大多是从卡特尔成员之间的博弈来分析卡特尔的解体，并由此得出结论。卡特尔一经形成，公共价格便富有极大的弹性，只要其中的某一个成员降低价格，必将从中获利，每一个卡特尔成员都有"背叛"的动机。偏离总利润极大化时每个厂商所采取的欺骗策略，有可能导致卡特尔自行解体。这就是卡特尔中的囚徒困境。表3-7的矩阵显示，无论对手采取什么样的策略，某个卡特尔成员的最优策略都是欺骗，其中 A>B>C>D。

表3-7 卡特尔成员策略矩阵

收益（成员1，成员2）		成员2	
		合谋	欺骗
成员1	合谋	B, B	D, A
	欺骗	A, D	C, C

假设卡特尔成员1和卡特尔成员2都遵守合谋策略的收益是B，但是若其中一名成员遵守合谋的策略，另一名采取欺骗的策略，那么采取遵守合谋策略的厂商的收益将降低至D，而采取欺骗策略的厂商的收益将提高至A。如果两家厂商都选择了欺骗策略，那么两家收益都会减至C。尽管合谋能够增加每

个厂商的利润,但是每个厂商的纳什均衡却是(欺骗,欺骗)。卡特尔由此从内部解体了。

所以,为了维持卡特尔的存在,必须有三个条件:一是合谋的厂商要达成一个协定,二是卡特尔必须能够迅速察觉其成员违背协定的行为,三是背叛行为必须得到应有的惩罚。只有背叛串谋协定者受到的惩罚足够大和足够及时,以至于让其违背协定得不偿失时,卡特尔才能够维持。

□ 经典案例:欧佩克(OPEC)卡特尔[①]

由于石油是工业生产的基础原材料,其重要性决定了几乎各个国家政府都会对其市场实施某种程度的干预政策。石油相关国家的政府政策行为因素可以说是最难被市场所预测解决的问题。对于石油出口国来说,石油通常是它们政府最大的外汇来源和财政收入来源。政府预算取决于政府财政收入,而且政府预算并不像企业预算那样容易调整,因此维护石油收入就等于维护政府预算。当油价上升时,有些产油国可能会限制产量,这样会推动油价继续上扬。当油价下跌时,有些产油国可能会提高产量,以增加石油出口来确保国家的财政收入,这样又会推动油价继续下跌。对于单个国家而言,如何制订自身的石油产量计划,不仅要考虑市场的价格,还要考虑其他国家的产量情况,这就是一个博弈的格局。

对于产油国而言,为了能够稳定油价,唯一的办法是各产油国联合起来,签订卡特尔协议,通过限制产量维持公共的价格水平。石油输出国组织欧佩克(OPEC)是世界上最大的石油卡特尔组织,其基本目标是通过各成员国联合行动维持油价稳定,通过合作来达到利益均沾和利益最大。

欧佩克成立的直接诱因是西方石油垄断资本单方面连续压低原油价格。第二次世界大战后特别是 20 世纪 50 年代,随着中东石油被大量开采,国际石油市场供过于求,独立石油公司和苏联为打进西方国际石油卡特尔控制的世界市场,纷纷降价抛售石油。西方国际石油卡特尔不甘心让出市场份额,

---

① 综合整理自互联网。

1959年2月，英国石油公司（BP）宣布每桶原油削价18美分。这次削价使中东产油国石油收入立减10%。同年4月阿盟在开罗举行第一届阿拉伯石油大会，强烈谴责西方国际石油卡特尔单方面强行压价，要求西方石油大公司稳定油价，即使不得已调整油价，也需事先与产油国协商。1960年5月沙特石油事务大臣塔里基和委内瑞拉石油部长在举行会谈后发表公报，明确提出建立石油输出国组织的倡议。但1960年8月埃克森公司再次将每桶中东原油削价10美分。随后其他大石油公司也采取类似行动。这两次削价使欧佩克中的4个中东创始国每年石油收入损失2.31亿美元。为摆脱任凭西方石油垄断资本随意宰割的状况，1960年9月，沙特、科威特、伊朗、伊拉克以及拉美的委内瑞拉5个石油出口国在巴格达召开会议，决定联合起来共同对付西方国际石油卡特尔，以维护产油国合理的石油权益。石油输出国组织的主要宗旨是"协调和统一各成员国的石油政策和确定最有效的手段，单独地、集体地维护成员国的利益。应设法确保国际石油市场价格的稳定，以避免有害的和不必要的波动影响本组织"。

欧佩克是一个典型的卡特尔组织，但维系如此庞大的一个组织，从外部和内部而言均困难重重。从内部来看，欧佩克各成员国基本上都是严重依赖原油出口的发展中国家，虽然在维护世界石油需求和合理价格、振兴民族经济以及争取国际经济新秩序方面存在广泛的共同利益，这种共同利益正是欧佩克成立和延续的基石。但欧佩克又是一个由主权国家组成的国际集团，各成员国在具体国情上差别很大，其石油生产政策和油价政策也有不小差异，因而在经济利益上存在一定的矛盾。如沙特、阿联酋、科威特等国石油储量丰富，产量大，收入高，人口少，大量石油美元投资西方，它们担心油价过高会影响世界政治经济稳定，导致石油美元贬值，加速西方能源转换，削弱其石油资源优势，因而主张实行相对温和的油价政策，避免油价上涨过快过猛。而像伊朗、伊拉克、阿尔及利亚、尼日利亚等国，因人口众多、人均石油储量低，急需增加石油收入发展本国经济，因此往往主张以减产提价来提高石油收入，但一旦减产降到威胁国内经济发展需要的地步时，又会通过削价增产来增加石油收入，反对或暗中违背欧佩克的减产配额计划。因此，欧佩克内部因利益分化而导致协调日益困难，面临体制上的挑战。欧佩克曾有13个成员国，后减少到11个，加蓬、厄瓜多尔就是因为内部意见不一致而退出的。而尼日利亚也与作为欧佩克主体的海湾产油国矛盾重重，经常超配额生产石油，在美国的鼓动与诱惑下，萌生退出欧佩克的念头。维持欧佩克卡特尔困难重重。

3.2.4 行业默契与合作

卡特尔成员之间维系组织的利益来源在于利益均沾和最大化。当然，从博弈的角度出发，不一定只有卡特尔，其他市场参与者之间也可以达成默契与合作，即使双方曾经为竞争者。

当我们用博弈论的方法思考时，会发现有时迈向成功最好的方法，是让价值网中的参与者和自己共享成功的果实。

市场营销学中有"借势"一说，即新产品要设法与知名品牌捆到一起，达到扬名的目的，如七喜饮料的"非可乐"就是一例。它在可口可乐和百事可乐占领了美国可乐市场的情况下，将自己定位为一种与可乐并列的饮料，很快打出名气。再比如，一种国产名酒打出"南有茅台，北有××"的广告，在颂扬了茅台的同时，也使自己跟着扬了名。

企业想要发展，首先要善于学习。首先要学习优势企业的长处，其次要设法形成自己的优势，注重强势企业之间的相互借势。现代的市场竞争是全新的互惠型合作竞争，在市场的博弈中已经出现不少互利合作的模式：供应链协作、网络组织、国际战略联盟等。高绩效的营销者能够有效地管理组织内外的各种关系，同舟共济，强强联手，优势互补，创造双赢甚至多赢。

市场是一个有机共生的生态系统，只有善于合作的人，才能从中获取帮助与发展。

□ 经典案例：美的和格兰仕结束价格战[①]

近几年国内微波炉两大巨头——美的和格兰仕，均动作频频但结果却惊人一致，就是两家的中高端微波炉市场售价均上了1 000元，与以前动辄两三百元相比，价格大幅上涨。无独有偶，2010年11月初秋季广交会上，两家巨头均不约而同把海外产品报价上提了10%，这在两家企业十几年的价格战历史上，绝对是破天荒。

在全世界的家电领域，没有哪一个产品能像微波炉一样，"中国制造"拥有如此大的市场优势，且集中在两家企业手中。数据显示，2010年全球微波炉总销量在7 000万台左右，而美的和格兰仕两大巨头在全球的市场份额已达到80%，国内市场份额更是超过90%，剩下的则被松下、三洋、海尔等企业分食。

相对垄断的数字体现了两大微波炉巨头在全球市场的绝对实力。然而伴随微波炉市场成长的却是长达十几年的"价格战"，两家企业不断地"干掉"竞争对手，在享受到市场规模快速扩大、销量持续激增的喜悦的同时，也充斥着不断降价的恶性竞争，整个产业一直维持着只有几个点的利率，成为公认的"微利产业"，让两家企业很"受伤"，陷入了"囚徒困境"。

在合作博弈重复次数较大时，达成合作默契也就越大。可喜的是，从两家企业最近的举动来看，坚持了十多年的低价坚冰似乎有所松动。美的日用家电集团微波电器事业部总裁朱凤涛接受记者采访时透露，从2011年开始，美的将退出300元以下的微波炉市场，彻底放弃低端产品的竞争，着重拓展中高端微波炉市场，显示美的似乎有示好格兰仕、主动结束微波炉领域长达10年惨烈价格战的意味。而格兰仕也步美的后尘，高调宣布推出"变频光波微波炉"，主打技术也包括变频和蒸，并提出要实现微波炉"全能化"实现产业升级。格兰仕也终于松动了坚持了十多年的低价策略。

两家巨头似乎达成价格默契，还有一个比较明显的佐证，就是每年到了

---

① 综合整理自互联网。

年底，无论格兰仕还是美的都会发动舆论攻势，宣称自家微波炉获得了市场第一份额。然而 2011 年这种声音至今也没再现。也许，当这两家中国企业结束价格战，将主要精力投向技术升级与产业转型时，微波炉在全球才能实现真正的"中国创造"。这种行业内的默契合作行为无疑是双赢的，而政府和监管部门应当创造机会使得这种合作更加深入、持久。

为达成行业默契与合作的目的，往往有很多方法可以使用。从理论上讲，在没有涉及信息问题的时候，每个参与者都知道与其他参与者接触时会确定的协议，并且能够及时发现欺骗行为并加以惩罚。在这种情况下就无须明确地合作。但是现实中信息不对称的情况是广泛存在的。在这种情况下，单靠重复博弈最终达成默契合作是不够的，成本也太高。通过解决信息不对称问题，明确合作策略性行为能够大大促进行业内的默契与合作行为的发生，节省成本，提高效率。

在西方，行业协会是最常见的厂商明确合作的手段。理查德·艾伦·波斯纳（Richard Allen Posner）曾经指出美国所有的反垄断案中，43%涉及行业协会。行业协会的功能是多重的：包括代表行业中所有厂商与政府沟通、游说使得价格变动的提案获得大多数厂商认可、公布产品的标准、发布行业数据、设立道德标准、出版行业期刊和报纸、组织定期集会等。厂商间互有的信息越完全，达成和维持合谋协议就相对容易。不确定性使得合作维持较难。厂商间交换成本和需求的信息使合作协定的制定变得更加容易。

第 4 章
解决冲突：威慑与承诺

本章关注的内容是冲突发生后的解决办法。4.1 节通过奇虎 360 与腾讯 QQ 之争、滴滴打车和快的打车软件之争的案例，引出懦夫博弈的概念；4.2 节至 4.4 节通过案例分析，分别介绍了威慑、承诺和谈判三种有效解决博弈冲突的策略。

4.1 懦夫博弈

□ 经典案例：奇虎 360 与腾讯 QQ 之争[①]

2010 年年末，互联网上最大、最吸引公众目光的商业纠纷便是"奇虎 360 与腾讯 QQ 之争"。腾讯 QQ 和奇虎 360 是当时国内最大的两个电脑客户端软件。腾讯以 QQ 为基础发展即时通信服务，凭借庞大的用户规模和天然的客户端资源，腾讯逐步将业务延伸到互联网的诸多领域，如网络游戏、电子邮件、影音播放等，其市场扩张力令人感叹。奇虎 360 主打互联网安全软件，其 360 安全卫士永久免费的策略，在很短的时间内占有了绝大多数安全市场的份额，用户数量超过 3 亿，覆盖了 75% 以上的中国互联网用户，成为继腾讯之后的第二大客户端软件。

"奇虎 360 与腾讯 QQ 之争"始于 2010 年 2 月。腾讯选择在二三线及以下城市推广 QQ 医生安全软件，几乎一夜之间，QQ 医生占据了国内一亿台左右的电脑，达到近 40% 的市场份额。2010 年 5 月，腾讯悄然将 QQ 医生升级至新版并更名为"QQ 电脑管家"。新版软件增加了云查杀木马、清理插件等功能，涵盖了 360 所有主流功能，用户体验与奇虎 360 极其类似。2010 年 8 月，

---

① 综合整理自互联网。

腾讯QQ继续跟进更新软件,并凭借其庞大的用户基础,以QQ电脑管家直接威胁奇虎360在安全领域的生存地位。奇虎360感受到了腾讯QQ的威胁,紧急应对这一事件。2010年9月,奇虎360发布直接针对腾讯QQ的"隐私保护器",并提示用户"某聊天软件"在未经用户许可的情况下偷窥用户个人隐私文件和数据,引起网民对于QQ客户端的担忧和恐慌。2010年10月末,360推出扣扣保镖,称可以保护用户QQ的安全,但是腾讯反应强烈,称360扣扣保镖是"非法外挂"行为,将追究法律责任。

至此,奇虎360与腾讯QQ的正面冲突即博弈开始。2010年10月,腾讯正式宣布起诉奇虎360不正当竞争,要求奇虎及其关联公司停止侵权,并就QQ偷窥用户隐私事件公开道歉并做出赔偿。随后,奇虎360随即回应三点声明,表示将提起反诉。接下来奇虎360与腾讯QQ通过各种方式进行造势,让公众相信自己是清白的,没有侵犯公众隐私权利,并表现出为自己维权到底的决心,展现勇敢者的魄力和胆识。

博弈的高潮出现在2010年11月,腾讯QQ宣布不兼容奇虎360,使得庞大的用户群不得不在腾讯QQ和奇虎360之间做出选择。这是博弈中腾讯QQ要传达给奇虎360的信息,以便在博弈中占得先机,让局外人和对手都相信自己是勇敢者,从而逼迫对手做出让步,使自己在博弈中取得名利双收的效果:既维护了自己声誉,从而证明没有侵犯用户隐私,产品也理所当然地会被更广泛地接受,提高了客户端占有率。对于庞大的用户群来说,在奇虎360与腾讯QQ之间的取舍是困难的:QQ软件的便捷即时通信,360软件的安全保障,无异于左右手的选择。腾讯QQ与奇虎360正是准确地估计到这一点,才都会不遗余力地表现自己维权到底、绝不动摇的决心。最终,博弈终止于第三方——工信部的介入,才使这场博弈没有进一步造成两败俱伤。这场博弈便属于著名的"懦夫博弈"。

□ 经典案例:滴滴快的打车软件之争[①]

从2013年12月开始,很多人开始放弃传统的招手停车的打车模式转而

---

① 综合整理自互联网。

选择用手机软件打车。当然，滴滴打车和快的打车是首选工具。对于打车者来说，20多元的打车费，打车软件会补贴10多元，分享到朋友圈后又会获得10元话费补贴，打了一趟车还有可能赚钱！与此同时，出租车司机也同样获利——通过上述两款打车软件，每单可获得10元以上的奖励，这使得很多司机在接活儿时会优选采用移动支付的客户。滴滴背靠腾讯，快的受到阿里支持，双方为争夺用户，展开了激烈的博弈。

2013年12月，滴滴斥资8 000万元对司机展开接单奖励活动，同期快的投入5 000万元，鼓励司机乘客用支付宝买单，司机安装支付宝钱包并绑定快的赠送100元，支付宝收车费一次奖励司机和顾客各5元。2014年2月10日，滴滴将打车补贴从每单10元降到5元，12日快的下调补贴，北上深杭对司机奖励由每单15元调整为10元，其他城市则下调至每单5元，但对乘客补贴仍为10元。17日，滴滴第三轮营销，乘客补贴由5元重回10元，每天3次，新乘客首单减15元，北上深杭司机每单奖励10元，每天10单，其他城市司机前5单奖励5元，后5单每单奖10元，当天下午，快的宣布18日起上调打车补贴，乘客补贴由10元上调至11元，并表示，其打车奖励金额永远会比同行高出一元钱。18日，滴滴再调整，微信支付用户将获得最低12元、最高20元的随机补贴，支付10次以上将获全民飞机大战游戏中的相关道具，同期，快的提出补贴从12元提高到13元，用支付宝支付车费超过5次，可获得淘宝、天猫的退货保障卡一张。23日，滴滴针对用滴滴打车成功但未能成功支付的用户每单补偿12元……

滴滴与快的表面上争的是软件叫车的用户数，本质上是腾讯微信支付与阿里支付宝钱包的移动支付的博弈——两大巨头的短兵相接其实质上是对移动支付的跑马圈地。谁能圈到更多的客户、谁先让客户通过优良的体验形成消费习惯，谁就会在未来的竞争中掌握更大的主动权。从某种意义上来说，两巨头所做的事就是要通过改变用户长期以来在出行方面形成的现金交易习惯，并对手机支付形成良好的消费体验，再以此良好的体验为基础最终将客户固化为该服务的忠实客户。而直接的现金补贴刺激是短时间内吸引用户体验最快捷的方式，从而更快地改变原有的现金支付习惯。从这个层面上讲，仅用 10 元的补贴就可得到一个移动支付的用户，可谓花小钱办大事，是很划算的。而且通过打车软件的烧钱大战的另一副产品是使得微信支付与手机支付宝未做任何广告便获得了极大的曝光率，这又为其节省了一大笔推广费用。其结果是，微信用户开始绑定银行卡了，手机支付宝的用户也同样增多，新的支付习惯形成了。所以双方均摆出了一副不肯罢休的博弈态势，互相对拼烧钱，谁也不会甘于人后。

出乎意料的是，双方博弈在 2015 年 2 月 14 日情人节当天终结，滴滴打车和快的打车宣布合并。

☐ 何为懦夫博弈

懦夫博弈（chicken game）是一种强调合作的博弈类型，具备两个纳什均衡。在此类博弈中，双赢是不存在的，因而，更多的是一种零和博弈。而且，单方的决策最优解取决于对方采取的策略。

懦夫博弈背后的原理可以简单地描述为：两个争强好胜的人玩一种危险的游戏——在一段笔直的公路上，两个人各自驾车相向高速行驶。在距离越来越近的情况下，谁先掉头或者停下就是"懦夫"，从而输掉游戏；而一直向前行驶的一方为胜者。结果共有四种：第一种是最惨烈的状况，双方互不相让，均不胆怯，径直开向对方，会出现灾难性的两败俱伤的情况；第二种是双方都没有径直开向对方，而是在半途中转向掉头，双方均因胆识不足而被冠以"懦夫"的称号，输掉了荣誉和游戏，却保住了性命；剩下两种是两种均衡，即一方采取措施，没有开向对方，掉头方输掉游戏，另一方仍行驶在马路上赢得胜利。

双方博弈的矩阵可以表示为表 4-1。

表 4-1 懦夫博弈矩阵

收益（A，B）		游戏者 B	
		掉头	掉头
游戏者 A	掉头	0，0	−50，50
	掉头	50，−50	−100，−100

这个博弈由于涉及荣誉以及死亡这些不可估量的概念，很难进行量化分析，但仍可以用抽象的价值来表现代价和收益。如果均掉头，他们打成平手，没有得到也没有失去什么，均得 0 分；如果都不掉头，径直开向对方，均输掉比赛失去 100 分；如果在两个均衡状态，一方掉头，另一方取得胜利，那么"懦夫"方失去荣誉 50 分，另一方赢得胜利 50 分。

在这个游戏中没有稳定的均衡位置，游戏者的选择发生交汇，两人都想取得右上方或者左下方的结果，这两个结果为不稳定的纳什均衡。然而在现实中，都掉头才是两人的明智选择，而这样做既要求有一定程度的默契，又要求两个人没有不理智的赌徒心理。

在懦夫博弈中，如果想取得胜利，必须让对手相信自己是"不理智"的，即绝对不会掉头。在这个游戏中，较量的不是谁是真正的勇敢者，而是谁表现出勇敢者的魄力与胆识。比如，为了赢得游戏，游戏者可能将刹车拆掉，并设法将这个消息传达给对方。一方如果让对手相信了自己是"不理智"的，或者具备勇敢者的无畏精神，则会赢得这场博弈的胜利。

从这个角度来看，游戏者会根据别人认为他们怎样做来决定最终的策略。如果游戏者 A 认为游戏者 B 一定会开足马力直线行驶，那么游戏者 A 就会及时转弯，从而使损失减少。如果游戏者 A 知道游戏者 B 认为游戏者 A 一定会直线行驶，那么游戏者 A 就一定不会转弯，因为当对手和其他人相信游戏者 A 绝对不会转弯时，游戏者 A 的最优策略便是坚决不转弯，从而使得收益最大。

这里影响博弈均衡的一个重要因素是信息的可置信度。如果可置信度高，即对手相信自己会孤注一掷，那么博弈结束，回归均衡。如果可置信度低，则会将自身置于不利位置，甚至导致比不传达给对手信息更糟糕的结果。而在这种情况下，合作无法顺利达成。

上文中我们提到了**零和博弈**(**zero-sum game**)，零和博弈可以看作懦夫博弈的一种，只是支付矩阵具有一定的特点。

零和博弈，是指博弈的各方在严格竞争下，一方的利益必然意味着另一方的损失，博弈各方的收益和损失相加总和永远为零。也可以说，自己的幸福是建立在他人的痛苦之上的，二者的大小完全相等，因为双方想尽一切办法实现"损人利己"。零和博弈的结果是一方吃掉另一方，一方的所得正是另一方的所失，整个社会的利益并不会因此增加一分。

诸如下棋、玩扑克牌在内的各种智力游戏都有一个共同特点，即参与游戏的各方之间存在输赢。在游戏进行之中，一方赢得的就恰好等于另一方输掉的。譬如，在国际象棋比赛中，一方吃掉对方的一个棋子，就意味着该方赢了一步而对方输了一步。倘若我们在象棋比赛中做出这样的规定：当一方吃掉对方的一个棋子时，对方应输给该方一分钱，则在比赛进行过程中和比赛结束时双方的"支付"相加总等于零。当且仅当所有局中人的支付之和在博弈进行过程中及博弈结束时恒为零时，博弈是"零和博弈"或"零和的"。显然，倘若我们在各局中人的支付中分别加上或者减去相同的一个数量，博弈的过程特征则并没有什么不同，但这时各局中人支付之和并不等于零而恒等于一个常数，此时我们称博弈是"常数和博弈"或"常数和的"。从博弈的本质上看，常数和博弈与零和博弈并无什么不同，我们习惯上将常数和博弈称为零和博弈。这是因为，效用函数在加上或者减去一个常数后仍为同一偏好序的效用函数，而当常数和博弈中的各局中人支付分别加上或者减去一个常数后，常数和博弈就成了零和博弈。

我们可以举出一个简单的零和博弈收益矩阵的例子。游戏者甲有 A 和 a 两个策略，游戏者乙有 B 和 b 两个策略。（A，B）的支付为（0，0）；（A，b）支付为（10，−10）；（a，B）的支付为（−10，10）；（a，b）的支付为（20，−20）。该博弈的矩阵如表 4-2 所示。

表 4-2　懦夫博弈矩阵

收益（甲，乙）		乙	
		B	b
甲	A	0，0	10，−10
	a	−10，10	20，−20

该博弈就是典型的零和博弈，在每一个决策可能上，两个人的收益之和恒为零。

下面我们来讨论解决懦夫博弈的可能方式。在信息可置信度较高的情况下，解决懦夫博弈的方式基本有两个元素，即惩罚和威慑。惩罚是指当对手采取某种行动时，另一方采取惩罚性的措施，使对手受到严重影响，是一种阻止性的方式；威慑是一种减少双方摩擦、促进合作完成的有效博弈策略，当对手有采取某种行动的倾向时，给予明确的信息，表明可能造成的严重后果，达到"不战而屈人之兵"的目的，是一种恐吓性的方式。而谈判则是一种较为综合的解决方式，通过双方的沟通，结合具体情况，灵活运用策略。比如说两个寡头垄断厂商，一方企图通过采取降价方式占领更多市场份额，另一方可行的惩罚性措施是更大力度的降价，可采用"以牙还牙"策略，给打破均衡的厂商以惩罚，迫使其改变策略。这种惩罚的策略也带有威慑的意味，因为它们彼此知道，一旦一方以获得更大利润为由打破均衡，另一方一定会采取惩罚措施。当然双方也可以通过谈判找到解决问题的办法。

4.2 威慑

□ 经典案例：格兰仕微波炉的总成本领先策略[①]

20世纪90年代初，中国的微波炉业刚刚起步。格兰仕于1993年进入行业，当时整个中国的市场容量仅为20多万台，龙头老大蚬华内销规模为12万台。由于行业未充分发育，主要竞争对手也很弱，格兰仕倾尽全力投入，迅速崛起，1993年销量为1万台；1994年10万台；1995年达25万台，市场占有率为25.1%，超过蚬华成为全国第一（蚬华为24.8%）；1996年销量为60万台，市场占有率达34.7%；1997年125万台，市场占有率为49.6%；1998年总产量315万台，内销213万台，市场占有率为61.43%。

[①] http://www.people.com.cn/GB/paper87/8955/835349.html。

格兰仕在占领市场之后，充分采取了威慑博弈策略。首先，格兰仕为使总成本绝对领先于竞争者，先后卖掉赢利上千万元的产业（包括羽绒厂、毛纺厂），把资金全部集中到微波炉上，让想跟进者和竞争者看到了其不惜代价的魄力。其次，规模每上一个台阶，格兰仕就大幅下调一次价格。当规模达到 125 万台时，把出厂价定在规模 80 万台企业的成本之下；当规模达到 300 万台时，价格则在 200 万台企业的成本之下。这种恐吓性的定价策略，使得跟进者和小竞争者不堪重负，更没有机会对其进行追赶。最后，一旦市场上存在价格竞争者降价，格兰仕就将价格控制在比对手低 30%以上，对竞争对手产生足够的威慑力。而这种价格的威慑也惠及民众，使微波炉由最初的 3 000 多元降到 600 多元，最便宜的仅为 300 多元，令更多的百姓享受到实惠。这种真正的威慑更使得格兰仕在微波炉行业占据了主导地位，也成功地在一次次与竞争者的博弈中胜出。

□ 经典案例：默多克的威胁

1994 年一个夏日，传媒大亨默多克在纽约宽大的办公室里踱步，把手中自己发行的当日的《纽约邮报》拿起，又放下，再把主要对手——《每日新闻》拿起，又放下。

一直若有所思的他突然拿起电话，向下属发出了一个简洁明快的命令："在 Staten 岛，把零售价降为 25 美分，从明天就执行！"

"可是，默多克先生，如果我们把价格下降一半，对手肯定也要跟着降价，大家都没有好下场。我们在伦敦的《泰晤士报》正与《每日电讯》进行价格战，四处树敌很危险啊。"一位高层管理者提醒默多克。

"别问为什么，照我说的做吧，先生！"

几天后，就在众人纷纷猜测《每日新闻》将跟着降价多少时，《每日新闻》宣布：把价格从 40 美分提高到 50 美分。

默多克的"威胁"，奏效了。

这件事颇有些耐人寻味。早先两份报的价格都是 40 美分，但默多克认为要减少运营负担，报纸的零售价应该涨到 50 美分更合适，但如果只是自己涨价,对手不涨,显然又影响自己的发行量和广告收入,因而,最好的策略是迫使对手一起涨价。

于是,《纽约邮报》率先采取了行动,把价格涨到了 50 美分。而《每日新闻》则认为维持原来的定价——40 美分,对自己更有利。因而,对对手的涨价,没有任何反应。果不其然,《纽约邮报》开始流失一些订户和广告收入。

默多克认为这种情况不会持续太久,但对手一直按兵不动,默多克颇为恼火,认为需要显示一下力量,让对手相信:如果有必要,我有能力发动一场报复性的价格战。

价格战难免两败俱伤。默多克的目标是显示力量,要让对手感到威胁的可信。于是,他设计了一种让对手提价的战术,就是在 Staten 岛这个局部市场上把价格降到了 25 美分,于是,这里《纽约邮报》的销量立竿见影地上升了。

对手明白了默多克的用意和决心,为了避免《纽约邮报》全方位降价把自己拖入价格战,《每日新闻》也只好把价格从 40 美分涨到 50 美分。结果,默多克如愿以偿。

局部战争,带来了全局胜利。

恐吓性的威慑,一旦具有较高的置信度,其传达到对手的威慑信息往往比威慑措施的结果更有效。这在当代商界更是屡见不鲜,超市和卖场中越来越多的自有品牌就是很好的实例。由于超市和卖场主要通过搭建终端销售平台来获取利益,因此终端销售平台的赢利水平才是超市和卖场最为关心的问题。引入自有品牌虽给自身带来更多利益,但不会改变超市和卖场对自身职责与功能的定位,可以更好地打造自身终端销售平台。引入自有品牌,可以转变超市和卖场单纯的零售终端的地位,通过掌握上游供应链,来加强对供应商的管理。当超市和卖场以品牌拥有者与经营者的身份出现在供应商面前时,自然会对供应商产生威慑力,并以此增强超市或卖场对于市场的掌控力。尤其是在掌握了供应商的原材料和相应的生产技术之后,超市和卖场在博弈中占据主动,更能起到威慑作用,有效地掌控供应商。

以上的博弈即威慑，即通过使对方害怕会处于某种环境或得到某种结果，而使其放弃采取某种行动。发起方并非想让威慑的内容成为现实，而是在于通过向对手施加心理上的压力让对手退却，从而为自己争取利益。

从表4-3的博弈矩阵来看，无论对于格兰仕还是其竞争对手，最佳选择都是在对手尚未使用威慑策略时，自己先采取威慑策略；或者双方采取威慑策略时，自己技高一筹。格兰仕在价格威慑中属于后者。而在现实中，博弈双方通常不知道对手的真实情况，而实力较弱的竞争者不愿使自身企业冒亏损乃至破产的风险，从而在价格博弈中先行放弃，出现左下方中的情况，格兰仕取胜概率为100%。

表4-3 威慑策略中格兰仕与竞争对手的收益矩阵

取胜概率（格兰仕，竞争者）（%）		竞争者	
		威慑	放弃
格兰仕	威慑	50，50	100，0
	放弃	0，100	0，0

□ 理性威慑理论的假设

理性威慑理论涉及三个根本假设：

（1）理性行为人假设。行为人有喜好和选择方案，而且他们试图根据另一个行为人的喜好和选择优化其选择方案。

（2）主体原因假设。结局的变化应由行为人机会的差异解释。

（3）主体独立假设。博弈双方被假定为一个独立的理性行为人。

基于以上假设，威慑不一定会真正实施，只需要起到作用即可。威慑可以有效防止恶性竞争，避免了两败俱伤的情况发生，是一种有效的博弈策略，尤其适用于实力雄厚的企业。当企业采取威慑策略时，只需以实力"说服"竞争者，使对手在恢复理性的基础上自愿约束"非理性"的举措，建立双方均可接受的平衡。

□ 把主动权交给对手——用边缘对策吓跑竞争者

假如你在一条不是很热闹的街道开了个面包店。没有竞争对手，生意不错。但很快，一个同行眼红，准备在你旁边也开家店。你可以口头警告对手："如果你胆敢来开店，本人发誓疯狂降价，同归于尽，谁也别想赚钱！"但这招不会有什么用，因为在对手看来，你的这种威胁纯粹是虚张声势，根本不足为信。他会想："商人求财不求气。我的店一旦开张，你肯定不会采取自杀式的降价，这对你没好处。"

此时，光靠口头警告不行，你必须拿出实际行动，才能阻止对手前来挑战。一个办法是扩大生产规模。既然有对手要进入，那就说明还有市场空间可以发展。在对手决定进入前，你二话不说，以更快的速度招聘新员工，购买新设备，开新店。

之后，即使你不威胁对手要降价，他也明白一旦他进入，惨烈的价格战不可避免。因为他明白，你的投资已经花出去了，他要再进来，你除了价格战之外别无选择。

此时，你已经把主动权交给了对手，自己变得没有选择。只要对手进来竞争，只有血拼到底。你就像位于悬崖边缘，只能进不能退，因此，在博弈论中，也叫边缘对策。这样，他便会相信你的威胁，知趣离开。这和在战争中，有军队自己炸掉撤退的桥梁的道理是一样，这是向对手发出一条可信的，同时也往往能改变战局的信息：我方无法撤退，只有战斗到流光最后一滴血，你撤不撤退，看着办。

如果你实在不愿意降价，也暂时无法扩大规模，这时，还有一个边缘对策能吓跑对手。你可以随便找个人打赌：如果对手敢来竞争，你保证会疯狂降价，否则，你就输给这个人一大笔钱，而且这笔钱比你疯狂降价带来的损失还要大，或者免费把面包店送给这个人。然后，你再设法把这个"豪赌"弄得沸沸扬扬，最好还能到公证处去公证一下。现在，你骑虎难下了，对手知道你没有退路了，也只能知趣离开。结果，你不仅不会为打赌输掉一分钱，还吓跑了对手。

4.3 承诺

在有很多寡头的垄断市场上,在位厂商面临进入威胁。一般来说,在位厂商会通过降价或者增加产量的方式威胁潜在的进入者。但是这些威胁往往是无效的:一方面,因为一旦潜在进入者进入了市场,在位厂商就会从自身利益的角度出发而放弃威胁;另一方面,潜在的进入者也知道在位的厂商不会实现威胁策略,一旦它们进入了市场,就产生了威胁的无效性。除了前文提到的威慑策略,承诺策略也是一种使得威胁有效的手段。

□ 经典案例:云南白药集团与太极集团的市场进入决策

假定在位厂商——云南白药集团是某种专利刚好过期的药品的唯一制造商。另一方太极集团正在考虑是否进入这个市场。即在该种药品市场上,云南白药集团面临太极集团的潜在进入的威胁。云南白药集团为了防止太极集团进入该市场,会威胁太极集团:一旦太极集团进入该药品市场,云南白药集团就会通过大幅提高产量降低该药品的价格作为报复手段。我们不妨假设相应的收益矩阵如表 4-4 所示。

表 4-4 云南白药集团与太极集团的收益矩阵

收益(太极集团,云南白药集团)		云南白药集团	
		低价	高价
太极集团	进入	−1, 1	3, 4
	不进入	0, 6	0, 5

当然我们假定了两家制药企业都是理性人,追求各自利益的最大化,而不存在各种非理性的冲动因素。从收益矩阵可知此时存在两个纳什均衡:(进入,高价),(不进入,低价)。但是实际上此时只有某一个纳什均衡是可行的。因为该博弈已经不再是同时行动博弈,而是太极集团先行动,云南白药集团根据太极集团的行动而采取相应的策略。所以我们根据相应的博弈树(见图 4-1)分析

可知：

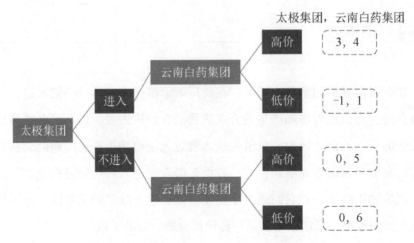

图 4-1　太极集团先行动时双方的博弈树

对该博弈利用倒序分析法：当太极集团进入该药品市场时，云南白药集团会选择高价；当太极集团不进入该药品市场时，云南白药集团会选择高产量低价格。而太极集团也会知道当自己进入市场与不进入市场时云南白药集团的相应策略，太极集团从自身利益最大化出发会选择进入该药品市场，从而该药品市场的最终均衡结果为（进入，高价）。从最终均衡结果我们知道云南白药集团对太极集团的进入威胁是无效的，因为一旦太极集团进入了该药品市场，云南白药集团会从自身利益出发而放弃威胁。因此太极集团不会相信云南白药集团的高产量低价格的威胁。那么怎么样才能使得太极集团相信云南白药集团会实现威胁呢？

如果在进入发生前，云南白药集团会选择是否扩大该种药品的生产车间规模，此时博弈树将会如图 4-2 所示。

同样通过相应的倒序分析法，我们知道最后的均衡结果是（扩大车间规模，不进入，高产出低价格）。太极集团知道，当云南白药集团选择扩大车间生产规模时，不管其是否进入该市场，云南白药集团都会采取高产出低价格的策略。这种低价策略对太极集团而言是不利的，所以太极集团会选择不进入该药品市场。

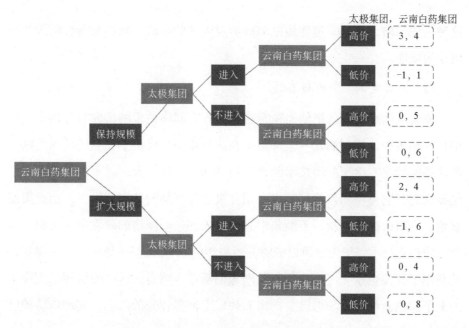

图 4-2　云南白药集团先行动时双方的博弈树

云南白药集团通过扩大车间的生产规模使得潜在进入者相信，从自身利益角度出发，集团也会实现威胁，对进入者采取报复性手段，我们称采取这样的行动为进行**承诺**(promise)。承诺便是在时机来临时厂商会从自身利益角度出发去执行这项威胁，即厂商有动机去执行威胁。可见承诺是解决威胁无效的有效手段之一。

承诺行动是有成本的，当事人会因"失信"而付出成本。因此承诺成本越高，威胁就越值得相信。而企业能否达到承诺的关键因素之一便是时间上的选择，即企业能否在时间上占先。以上述案例为例，如果在云南白药集团扩大该药品的生产规模之前，太极集团便进入了该药品市场，则云南白药集团已经没有了动机再扩大该药品的生产规模，只能眼睁睁看着一部分市场份额被太极集团占有。因此，云南白药集团能够实现承诺的关键就在于其能否在太极集团进入之前，便扩张该药品的生产规模，使得太极集团陷于被动地位而不敢进入市场。当然，这一切都是基于参与者理性的前提，现实中还需要判断对手是否是从自身经济效用的最大化出发。如果竞争对手并非屈服于这种占先策略，而是非理性地采取针尖对麦芒的策略，则参与者会陷入两败俱伤的境地。

☐ 经典案例：华为与思科[①]

华为从创业伊始就把使命锁定在通信核心网络技术的研究与开发上。它把代理销售取得的利润几乎全部集中在研究小型交换机上，利用压强原则，形成局部冲突，逐渐取得技术的领先和利润空间的扩大。技术的领先带来了超额利润，它再将积累的利润投入到升级换代产品的研究开发中，如此周而复始，不断改进和创新，不断集中力量投入到核心网络的研发中，从而形成自己的核心技术。华为之所以能够在短短 20 年中如此高速地发展，关键在于其利用了其他企业无法迅速复制的理念创新进入障碍，这一障碍便是贯穿华为上下的创新精神。华为已生产出七种以上世界领先的产品，其创新精神已成为华为发展不竭的动力。

随着公司的发展壮大，华为面临多方位的竞争对手，多层次的竞争也日趋激烈。2003 年 1 月 23 日，思科正式起诉中国华为公司及华为美国分公司，要求停止侵犯思科的知识产权。思科的诉状主要包括华为涉嫌抄袭思科的 IOS 源代码、技术文档、"命令行接口"，以及在路由协议方面至少五项专利。华为回应道，华为一贯尊重他人知识产权，并同时注重保护自己的知识产权，一直坚持将不少于年收入 10%的经费投入研发，拥有自己的核心技术。面对比自己强大很多的思科，华为并没有低头，而是奋起反抗，全面阻击思科。一方面，华为停止在美国出售被思科系统指控含有非法盗版软件的某些产品，将其 Quidway 路由器从其美国网站上撤除，并表示正在回收在美国售出的少量此类产品；另一方面，华为与思科的竞争对手 3COM 联合，组建合资企业，同时积极利用法律手段维护公司的正常权益，摆出了打持久战的态度。之后，美国德州地区联邦法院发布了一个初步禁止令，判决华为停止使用思科提出的有争议的一些路由器软件源代码，包括操作界面以及线上的帮助支

[①]〔美〕迈克尔·L.卡茨、哈维·S.罗森著，李宝伟、武立车译：《微观经济学》，北京：机械工业出版社，2010。同时结合网络资料整理。

持文件,但是法院的禁止令并不像思科期望的那么多。法官表示思科并没有足够的证据来证明它的部分软件源代码被抄袭或偷窃。判决后,双方都表示取得了"胜利"。

最终,思科没有一诉到底,而是选择了与华为和解,从而使历时一年半的知识产权官司画上了句号。究其原因,华为通过在 IT 业几十年的创新发展,在信息领域已拥有核心技术,有大量的知识产权,而且自己开发了整个软件系统,使思科相信华为有能力与思科决战,同时华为利用国内舆论向思科的中国市场施压,并加速与其他对手的合纵连横。而思科作为一个最大化自身效用的公司,经过综合成本核算,是不会采取非理性的手段与华为较真到底的。

□ 经典案例:敲竹杠[①]

Smith 雇用一家施工队建造一座房子,当房子快要完工时,Smith 注意到房子外表面装饰的图案非常糟糕,要求施工队更换图案。这种图案更换是比较基础性的工作,只需支付较少的费用,但是施工队却向 Smith 要价高达 1 400 美元。

Smith 必须在更换施工队和接受该施工队要求之间做出权衡。我们假设延迟工期直到找到另一个施工队的成本至少等于第一施工队的要价,并且 Smith 特别喜欢要更换的图案,因此 Smith 最终还是选择了让步,接受了施工队的要价。很明显,我们可以看到 Smith 被"敲竹杠"了。敲竹杠是指利用他人的弱点或者找借口来索取财物或抬高价格,可以说是一种讹诈行为。敲竹杠的行为由施工方和客户都可以产生,像类似 Smith 的客户也可以通过延迟给施工队的支付或者抓住施工质量出现的问题敲竹杠,给施工队施加压力,获得收益。

假定,Smith 为更改新的房子图案需要支付 1 400 美元,更改图案成本很低,实际只需要 200 美元。我们用倒序分析法分析,如果施工队要价 1 400 美

[①] 〔美〕哈尔·罗纳德·范里安著,费方域等译:《微观经济学:现代观点》(第 8 版),上海:格致出版社,2011。

元,他们将实现净利润1 200美元,而Smith的净效用会是零。如果Smith试图寻找其他施工队,那么,Smith要支付给新的施工队200美元,还要承担时间延迟成本1 400美元。我们考虑到Smith非常喜欢新图案,房子更改成新图案对他的价值是1 400美元;他还需要支付直接成本和误工成本,总共是1 600美元,最终,他实现的净收益为-200美元。如果施工队向Smith要价只是按照实际的成本价200美元,此时施工队能够实现盈亏平衡,而Smith只需要支付200美元的费用,但会获得价值1 400美元的新图案,那么,Smith的净收益将会是1 200美元。整个博弈过程我们可以通过图4-3得到。

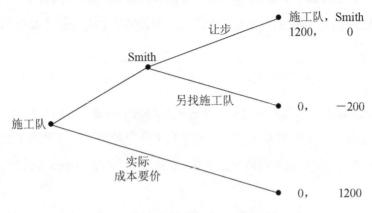

图4-3 敲竹杠案例中双方的博弈树

通过倒序分析法,可以看到,施工队的最优选择是敲竹杠,即索要1 400美元更改费,Smith的最优选择是让步。

敲竹杠问题普遍存在于日常的生产生活中,特别是在建筑工程中更普遍。双方在开始施工之前就应该考虑到可能存在敲竹杠的行为。解决敲竹杠的方式主要有签订合同、承诺。往往在施工前,客户或者施工方会签订一份有法律约束力的合同,详细规定哪些类型的修改是适当的要求,以及它们的成本是如何确定的,这样在存在争议时,有了解决问题的依据。另一种方式是承诺。例如,施工方可以向客户保证及时地按要求完成工程,否则施工方向客户进行一定的赔偿。在一个重视信誉的经济环境下,损害自己的声誉是要付出很大成本的。无论是违背合同或者承诺,短期内即使是盈利的,在长期看,由于受到声誉的影响,订单量也可能会下降,从而影响长期利润。

4.4 谈判

□ 经典案例：铁矿石谈判[①]

2010年10月，中国与国际矿业三大巨头新一年度的铁矿石谈判拉开了序幕。唱多中国铁矿石进口需求，是三大矿业巨头历年铁矿石谈判的例行策略之一。10月下旬，全球最大的铁矿石出口商巴西淡水河谷公司总裁兼首席执行官Roger-Agnelli对外声称，目前铁矿石需求情况良好，最近两三个月市场较为稳定，但年底、下年年初需求会恢复增长。他还表示，中国的节能减排目标及中国钢铁生产商减产情况并未对该公司的铁矿石海外需求造成重要影响。

同时，三大矿业巨头为了给谈判造势在现货市场炒作的行为也不容忽视。由于三大矿业巨头有着超强的垄断地位，它们通常会首先选择向中国市场低价倾销，一方面，打压中国本土矿，抢占中国市场份额，消化库存压力；另一方面，可以摸清中国市场的"底部"。之后抬高现货的价格，毕竟量价齐升才是三大矿业巨头的得胜之道。通过减少发货量，收缩对中国市场的现货供应来给市场造成一种供应紧张的局面，同时全力爆炒海运费，几种措施一起用力，进而造成进口矿现货价格上涨。三大矿业巨头往往还会和在中国进行谈判前与其他亚洲买家如日本、韩国进行谈判，分化各个买家，避免其结成买方联盟，最后迫使中国屈服以接受它们提出的价格。三大矿业巨头通过策略行动使得自己在谈判中更加处于主动的地位，而中方则变得更为被动。最终的谈判结果是，铁矿石现货招标价格高涨，必和必拓通过招标出售9万吨Newman铁矿粉，离岸价格已经达到了161.5美元/吨，创2010年以来的新高。这也标志着中国在铁矿石谈判中的又一次败给了三大矿业巨头。

谈判（negotiation）是指双方或者几方关于可能达成合作的条件所展开的

[①] 综合整理自互联网。

协商或讨价还价。对于谈判，我们上一节讨论过的承诺问题同样适用。即如果谈判一方可以通过策略行动改善自己的相对地位，则谈判的结果对自己就会更有利。在铁矿石谈判中，国际三大矿业巨头通过唱多、收缩供给等策略造成一种供应紧张的局面，从而提高自己在谈判中的筹码，使得谈判向更有利于自身的方向发展。

下面我们用一个简化的例子说明如何利用策略改变谈判的地位：

假如一个卡特尔联盟中有两个集团——集团 A 与集团 B，它们每年会通过谈判决定下一年各自的产量。根据前文的分析，卡特尔中每个成员具有动机提高各自的产量，所以收益矩阵如表 4-5 所示。

表 4-5　两集团收益矩阵

收益（A，B）		集团 B	
		高产量	低产量
集团 A	高产量	5, 5	9, 4
	低产量	4, 9	8, 8

此时的纳什均衡为各自厂家均违背合约而选择高产量，那么集团 A 与集团 B 的收益分别为（5，5）。集团 A 希望的结果是自己有高产量，而集团 B 有低产量。但是如果仅有这么一个策略博弈，则集团 A 显然不能达到自己的目的。我们假设此时有第三方邀请集团 A 与集团 B 参加一个项目的开发，两个集团均有参加与不参加两种选择，相应的收益矩阵如表 4-6 所示。

表 4-6　第三方邀请项目两集团收益矩阵

收益（A，B）		集团 B	
		参加	不参加
集团 A	参加	10, 10	8, 0
	不参加	0, 3	0, 0

此时，对两个集团而言，参加这个项目的开发都是**占优策略**（dominant strategy）。假设集团 A 将两个讨价还价的问题联系在一起，则它可以提出谈判条件：即只有当集团 B 选择低产量的时候，集团 A 才会愿意参与项目的开

发。此时，集团 B 从自身的利益出发会选择低产量以换取集团 A 的合作，以达到整个收益的最大化。事实上，对于集团 B 而言，如果不答应低产量，则其总的收益为 3+5=8，而答应采用低产量，其总收益为 10+5=15。在上述例子中，集团 A 通过其中一个讨价还价的问题使得自己在另一个讨价还价的问题中改变了自己的相对位置。

每一个博弈中的企业往往会拥有不止一个竞争策略，其所有的策略构成了该企业的策略集。在企业各自的策略集中，如果存在一个与其他竞争对手可能采取的策略无关的最优选择，则称其为占优策略，与之相对的其他策略则为劣势策略。

在上例中只考虑第二个博弈即参与博弈时，"参加"都是双方的占优策略。无论集团 B 选择参与还是不参与，比较集团 A 的收益发现，在给定集团 B 选择参与时，集团 A 选择参与获得效用为 10，不参与获得效用为 0，集团 A 会选择参与；在集团 B 选择不参与时，集团 A 选择参与的效用为 8，选择不参与效用为 0，集团 A 会选择参与。选择参与总是比选择不参与获得的收益大，而且不论集团 B 选择什么策略，集团 A 最优的选择都是参与。同理，集团 B 的最优选择也是参与。即两者的占优策略都是参与。

在分析博弈时，我们首先应该考虑的就是占优策略。我们可以将占优策略和纳什均衡策略进行对比。占优策略是"不管对手怎么做，我所做的都是我能获得最大受益的选择"。而纳什均衡策略是指"给定对手可能做出的选择，选择自己收益最大的策略"。

□ 经典案例：销售文物[①]

在比利时某文物交易场所，一位美国商人看中了一位中国商人提供的三座玉雕，它们都非常有历史价值和美学价值，而且存世的也就只剩这三座，标价均为 100 万美元。美国商人非常喜欢这三件文物，一方面，玉的质地非常好，雕工精湛；另一方面，收藏价值较强，会有很大的升值空间，将来价值不菲。

---

① 综合整理自互联网。

但是他不愿意出此价钱,想把价格尽可能压低,双方各执己见,谈判陷入僵局。

终于,中国商人很气愤,怒气冲冲地跑出去,在美国人面前把其中的一座玉雕摔碎了。周围所有人都表示非常惊讶,不理解这一举动。美国商人看到自己心爱的玉雕被摔碎,十分心痛,赶忙问中国商人剩下两座玉雕愿意卖多少钱,回答是每座200万美元。美国商人震惊于这个价格,物件没有变化,可价格突然之间增加了一倍,思来想去,拒绝了这个价格。这位中国商人心一横,又摔碎了其中一座玉雕。美国商人惊呆了,连忙祈求中国商人千万不要再摔碎最后一座玉雕。当然中国商人不会愚蠢到把最后一座玉雕摔碎,因为它已经成为这个世界上唯一的此类玉雕珍宝,再没有和它一样有价值的完整的玉雕了。最后,这仅存的玉雕以500万美元的价格被买走。

这个故事里,中国商人之所以摔碎其中两座玉雕,目的是刺激美国商人的购买欲望,因为他知道那三座玉雕都是珍宝,另一方面在摔碎两座后,剩下的就成了绝世珍宝,这显然是增加了谈判筹码的价值,提高自己的相对地位,使自己紧紧握住主动权。物以稀为贵,不怕他不买剩下的一座。聪明的商人看到这么美国商人真心喜欢玉雕文物,即使出高价肯定也会买下玉雕。通过策略行动,中国商人改善了自己的相对地位,谈判的结果对自己就会更有利,越有可能得到自己想要的支付。

□ 经典案例:自愿出口限制[①]

20世纪80年代,美国和日本经常进行贸易谈判,这段时间里,日本的汽车界达成一项叫做"自愿出口限制"的协议,意思是日本汽车企业将"自愿"降低对美国的汽车出口数量。这被看作美国贸易代表向日本汽车行业施压的结果。

但是,实际的情况真的是对美国有利吗?在寡头垄断中,我们知道,一个行业中的厂商所面临的主要问题就是如何限制产量,以维持较高的市场价格同时阻止其他潜在竞争。如欧佩克定期开成员会议,确定每个成员的生产

---

① 〔美〕哈尔·罗纳德·范里安著,费方域等译:《微观经济学:现代观点》(第8版),上海:格致出版社,2011。

配额，以维持较低的产出，进而维持较高的石油价格。在较高的价格下，每一个成员都有扩大产能的激励，如果给定其他成员按协议生产，那么某个成员扩大产能会在较短的时间内产生很高的利润。所以如何让每一个成员按照协议产量生产是很重要的。如果存在一个局外人或第三方来进行监督，并施以可信的惩罚措施，这对整个卡特尔和每个厂商来说总体都是有益的，而恰好美国贸易机构为日本汽车行业扮演了这个局外人的角色。

我们来看一看实际的情况是怎样的。依据一项预测，在 1984 年，在美国市场，日本进口车在签署资源出口限制协议之后贵了 2 500 美元。1985—1986 年，美国的消费者为日本进口车大约多支付了 100 亿美元。这些庞大的额外支付都成了日本汽车生产商的收入。日本汽车生产商得到这笔收入，可以改良生产，提高汽车的质量，同时降低汽车的价格，这样在市场上就会变得更有竞争力，反而对美国汽车行业造成了更大的威胁。

资源出口协议对美国汽车行业和美国汽车消费者是一个糟糕的结果。其实美国贸易机构完全可以考虑采取提高关税的措施，一方面减少日本汽车的进口，利好国内汽车上产商；另一方面增加政府收入。

通过这个案例我们发现，在进行谈判时，对可以改善自己相对地位的策略一定要好好研究，确保实际效果会和设想的效果一样。同时，对于博弈对手给出的策略一定要好好分析，因为在谈判中，双方都期望改善自己的相对地位，类似案例中日本汽车行业的行为，看似是对手降低自身效用的决策，其实可能会提高其自身的效用。

第三部分
市场势力

第 5 章
捍卫市场势力的博弈

本章主要讲述市场势力相关知识，市场势力是指卖方（seller）或买方（buyer）不适当地影响商品价格的能力。对于卖方来说，市场势力也就是卖方的垄断倾向。5.1 节关注市场势力中的守势方，也就是市场中的主要在位者。守势方既面临现有竞争者的竞争压力，又要面对潜在进入者的进入压力。5.2 节关注市场势力中的攻势方，将主要运用茅台酒、美国苹果公司以及谷歌手机的例子，来阐述公司如何利用攻势策略来达到扩张市场势力的目的。

5.1 守势：维持现有势力

5.1.1 市场进入阻挠博弈简介

市场进入阻挠博弈（game on entrance and resistance）是产业组织经济学中比较著名的一个模型。其基本内容为：在一个垄断市场上，存在在位者（市场上已经存在的垄断企业）和进入者（打算进入该市场的潜在进入者）。在位者若要保持自己的垄断优势，就会想方设法阻挠进入者进入。进入者首先决策是进入还是不进入市场；如果进入市场，在位者就要决定是斗争还是默许。

若在位者采取斗争策略，就是与进入者展开激烈竞争，用各种方法打击进入者（比如用低于成本的价格销售），当市场一旦进入博弈之中，如果在位者想要通过某种承诺或者行动使自己的斗争策略变得可信，进入者就不敢进入。虽然这种策略会导致暂时性的低利润甚至导致亏损，但可以使进入者产生更大的亏损从而被吓退，这样在位者就可以继续享有垄断利润了。一般来说，承诺行动的成本越高，威胁所产生的可信度也就越高。若在位者采取默许策略，不对进入者采取什么措施，放任其在市场自由竞争，任由其与自己争夺市场，将会导致自己的市场份额下降，利润减少，但最终也能保持一定利润。

对于进入者而言，获得利润由大至小的情况依次是：进入，同时在位者的反应是默许（利润＞0）；不进入（利润＝0）；进入，而在位者的反应是斗争（利润＜0）。对于在位者来说，获得利润由大至小的情况依次是：没有进入发生（垄断利润），进入发生而在位者采取默许策略（可获得一定利润），进入发生在位者采取斗争策略（利润很少甚至可能亏损）。在位者为了获取垄断利润，自然要阻止进入发生。而进入者为了获得利润则希望进入市场，一旦在位者无法阻止进入者进入，那他最好的选择就是默许。

对市场进入阻挠博弈的分析主要有两种方式：一是**战略式表述**（**strategic former presentation**），另一种是**扩展式表述**（**extensive former presentation**）。从理论上讲，这两种表述形式几乎差不多，且可以相互转化。但从分析问题的方便性来看，战略式表述更适合于表述静态博弈，而扩展式表述更适合于表述动态博弈。所谓**静态博弈**（**static game**），就是在位者和进入者同时决策，或者双方的行动虽然有先后，但两者在自己行动之前都观察不到对方的行动；而**动态博弈**（**dynamic game**）中的参与人行动有先后顺序，后行动的参与人在自己行动之前能观察到先行动者的行动。

5.1.2 战略式表述之一：完全信息的静态博弈

进入者有进入与不进入两种选择，在位者则可选择默许或斗争。其收益矩阵如表 5-1 所示。

表 5-1 完全信息的市场阻挠博弈

收益（进入者，在位者）		在位者	
		默许	斗争
进入者	进入	20，60	−10，10
	不进入	0，100	0，90

此博弈有一个纳什均衡：（进入，默许）。这是完全信息的静态博弈，进入者与在位者同时进行选择。在现实生活中，垄断者面对进入者一般都会采

取一系列措施（如限制性定价理论）来与进入者进行斗争，希望保住高额垄断利润。当然实际的情况远比这复杂得多，到底该采取什么样的策略阻止潜在进入者的进入或者与潜在进入者合作，还需要具体问题具体分析。

5.1.3 战略式表述之二：不完全信息的静态博弈

□ 不完全信息市场进入者的例子

在位者选择默许或斗争是取决于他的成本的高低，如果是高成本，则选择默许；如果是低成本，则选择斗争。在位者知道自己是高成本还是低成本，但进入者只知道在位者存在高成本和低成本的可能性，却并不知道在位者的确切情况。这时博弈就面临不完全信息的静态博弈，其博弈矩阵如表 5-2 所示。

表 5-2 不完全信息的市场阻挠博弈

收益（进入者，在位者）		在位者			
		默许	斗争	默许	斗争
进入者	进入	20, 60	−10, 10	10, 80	−10, 90
	不进入	0, 100	0, 90	0, 130	0, 120

这时，进入者似乎是在与两个不同的在位者博弈，一个是高成本的在位者，另一个是低成本的在位者，进入者和在位者该如何选择呢？

在之前描述的完全信息博弈中，我们假定参与者得益函数是"共同知识"，此时认为参与人具有完全信息。但实际生活中，不完全信息却更常见。比如上例中关于在位者是高成本厂商还是低成本厂商的问题就不是一个"共同知识"。博弈论中的**不完全信息**（incomplete information）是指博弈中的参与人对其他参与人（包括他自己）对博弈局势有关的事前信息了解不充分，而不是指博弈进行中对博弈进程信息的了解不充分。通常认为，至少有一个参与人不知道其他参与人的得益函数的博弈，称为**不完全信息的博弈**（incomplete information game），也称为贝叶斯博弈（Bayesian game）。其中若参与人是同时行动的，就称为不完全信息的静态博弈，若参与人是先后行动的，就称为不完全信息的动态博弈。

□ 贝叶斯原则

用 $\theta_{-i}=(\theta_1,\cdots,\theta_{i-1},\theta_{i+1},\cdots,\theta_n)$ 表示除 i 之外的所有参与人的类型组合。这样 $\theta=(\theta_1,\cdots,\theta_n)=(\theta_i,\theta_{-i})$。称 $p(\theta_{-i}|\theta_i)$ 为参与人 i 的条件概率，则有：

$$p(\theta_{-i}|\theta_i)=\frac{p(\theta_{-i},\theta_i)}{p(\theta_i)}$$

其中，$p(\theta_{-i},\theta_i)$ 为联合概率，$p(\theta_i)$ 为 θ_i 的概率。

若这些类型的分布是独立的，则：$p(\theta_{-i}|\theta_i)=p(\theta_{-i})$。

□ 海萨尼转换[①]

在上述不完全信息静态的市场进入阻挠博弈中，进入者仿佛在与两个不同的在位者博弈（高成本在位者和低成本在位者）。1967 年，约翰·海萨尼（John Harsanyi）提出了一个处理不完全信息博弈的方法：引入一个虚拟参与人——**自然（nature）**，自然首先行动决定参与人的特征，参与人自己知道自己的特征，其他参与人却不知道。这样不完全信息静态博弈就转化为完全但不完美的动态博弈了。下面将表 5-2 所示的不完全信息的市场进入阻挠博弈进行海萨尼转换。

在图 5-1 中，我们假定"自然"选择在位者是高成本还是低成本。进入者有关在位者的成本信息是不完全的，但在位者有关进入者的成本信息是完全的。如果在位者是高成本，给定进入者进入，在位者的最优选择是默许；如果在位者是低成本，给定进入者进入，在位者的最优选择是斗争。因此，在完全信息时，如果在位者是高成本，进入者的最优选择是进入；如果在位者是低成本，进入者的最优选择是不进入。

但由于进入者并不知道在位者究竟是高成本还是低成本，进入者的最优选择依赖于他在多大程度上认为在位者是高成本还是低成本。假定进入者认为在位者是高成本的概率是 P，则低成本的概率是 $1-P$。那么进入者进入的期望利润是：$P\times 20+(1-P)\times(-10)$，而选择不进入的期望利润是 0。因

---

① 〔美〕普拉伊特·K.杜塔著，施锡铨译：《策略与博弈——理论及实践》，上海：上海财经大学出版社，2005。

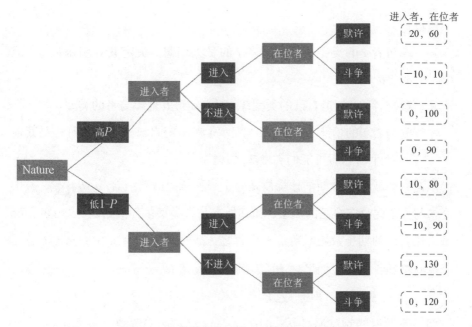

图 5-1 海萨尼转换后的市场进入阻挠博弈树

此,进入者的最优选择是:如果 $P \geq 1/3$,进入;如果 $P < 1/3$,不进入(当 $P = 1/3$ 时,进入与不进入之间是无差异的,我们假定他进入)。

□ 贝叶斯纳什均衡[①]

不完全信息静态博弈的解即贝叶斯纳什均衡。

定义:

- 参与者空间:$N = \{0, 1, \cdots n\}$。
- 参与者的行动空间:$A = \{A_1, \cdots, A_n\}$。
- 参与者的类型空间:$\theta = \{\theta_1, \cdots, \theta_n\}$。
- 参与者的信念:$p = \{p_1, \cdots, p_n\}$。
- 参与者的收益函数:$u = \{u_1, \cdots, u_n\}$。
- n 人不完全信息静态博弈:$G = \{A_1, \cdots, A_n; \theta_1, \cdots, \theta_n; p_1, \cdots, p_n; u_1, \cdots, u_n\}$。

---

① 张照贵:《经济博弈与应用》,成都:西南财经大学出版社,2006。

假设：

> 参与者 i 的类型 θ_i 是参与者 i 的私人信息，决定其效用函数 $u_i(a_i, a_{-i}; \theta_i)$。

> 参与者 i 只知道自己的类型 θ_i，而不知道其他参与者的类型。

> 参与者 i 的信念 $p_i(\theta_{-i}/\theta_i)$ 表示 i 在给定自己的类型 θ_i 时，对其他 $n-1$ 个参与者可能的类型 θ_{-i} 的概率。

该博弈纯战略贝叶斯纳什均衡是一个类型依存战略组合 $\{a_i^*(\theta_i)\}_{i=1}^n$，其中每个参与人 i 在给定自己的类型 θ_i 和其他参与人类型依存战略 $a_{-i}^*(\theta_{-i})$ 的情况下最大化自己的期望效用函数 u_i。换言之，战略组合 $a^* = \{a_1^*(\theta_1), \cdots, a_n^*(\theta_n)\}$ 是一个贝叶斯纳什均衡，如果对于所有的 i，$a_i \in A_i(\theta_i)$，有：

$$a_i^*(\theta_i) \in \arg\max_{a_i} \sum p_i(\theta_{-i}/\theta_i) u_i\{a_i, a_{-1}^*(\theta_{-i}); \theta_i, \theta_{-i}\}$$

即，使得参与者 i 的效用 $\sum p_i(\theta_{-i}/\theta_i) u_i\{a_i, a_{-1}^*(\theta_{-i}); \theta_i, \theta_{-i}\}$ 最大化。

实际上，不完全信息静态博弈的解——贝叶斯纳什均衡就是这样一种类型依从型战略组合：给定自己的类型和别人类型的概率分布情况下，每个参与人最大化自己的期望效用。根据上述定义我们可以看出，上例中不完全信息静态的市场进入阻挠博弈的贝叶斯纳什均衡是：高成本的在位者选择默许，低成本的在位者选择斗争；当只有 $P \geq 1/3$ 时，进入者选择进入；当 $P < 1/3$ 时，进入者选择不进入。

5.1.4　扩展式表述之动态博弈

市场进入阻挠博弈的扩展式表述可以用博弈树来表示。此博弈是一个两阶段博弈，与前面提到的海萨尼转换后的博弈不同之处在于：海萨尼转换后的博弈是个静态博弈，而此处所讲的扩展式表述的博弈是一个动态博弈。其行动顺序应该是这样的：因为最初在位者已经在市场中了，所以应由进入者首先行动，决定采取进入策略或不进入策略。然后在位者在观察到进入者的行动以后采取行动，决定采取斗争策略还是默许策略。图5-2是一个简单的市场进入阻挠博弈扩展式表述。

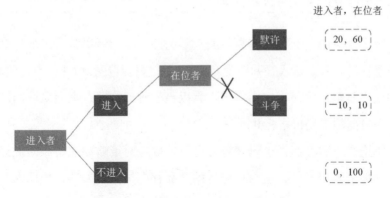

图 5-2 市场进入阻挠博弈的扩展式表述

扩展式表述下的均衡解可以采用逆推归纳法来分析。从后至前，我们先看看在位者的决策。首先，只有在进入者选择进入时，在位者才需要进行决策，而在默许与斗争两个策略之间，在位者选择斗争获得的收益为 10，选择默许获得的收益为 60。因此，作为一个理性人，他肯定会选择默许，而选择斗争这个策略就是不明智的。可以在表示斗争策略的枝上打叉表示剔除，不再考虑。接着，由后向前推进来考察进入者的决策，既然当进入者选择进入时，在位者肯定选择默许，那么进入者只要进入就能得到 20 的收益，而不进入只能得到 0，所以他必然会选择进入。由此，（进入，默许）就是这个博弈的均衡解。

在选定这一策略组合以后，任何一方都没有主动偏离该策略组合的积极性。但同时可以看到，原先在位者独自占有市场时，他享有 100 的垄断利润，而在进入者进入该市场以后，他只能得到 60 的利润。显然，独自占有市场的利润要远远大于与进入者分享市场的利润，但是因为进入者和在位者都是理性人，他们都只为自己的利润最大化考虑，所以在单个时期的市场阻挠博弈中，（进入，默许）是唯一的纳什均衡解。从消费者甚至全社会的角度来考虑，当进入实际发生之后，该市场的价格下降，产量增加，消费者剩余和社会福利总额增大，厂商的利润转移给了消费者，且消费者剩余的增加额大于厂商利润的减少额。这对于消费者和整个社会来说都是一件好事。

5.1.5 市场守势方的应对策略

在现实生活中，为了维持高额的垄断利润，在位者通常会采取许多措施来阻止潜在进入者的进入，并对现有竞争对手进行打压，以保持自己的地位。如果在位者觉得竞争对手实力过于强大以至于难以削弱，则会采取团结的方式定一个较高的市场价格，共同获利。

在阻挠进入者方面，市场守势方可以采取应对策略如保持产品优势——此时，即使进入者进入，也与在位者的产品存在很大的差异，短期内并不能夺走垄断利润。此外，守势方还可以设置进入障碍，通过掠夺性定价、利用网络外部性、提高技术壁垒等来阻止进入者进入。

在针对现有竞争对手方面，市场守势方采取的措施除保持产品优势外，还有与竞争对手抗衡，如围魏救赵法、以逸待劳法等方式，削弱主要竞争对手的势力，从而提高自己的垄断地位。市场守势方的应对策略可以用图 5-3 表示。

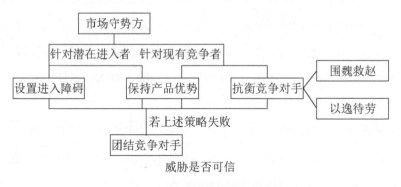

图 5-3　市场守势方的应对策略图

□　进入遏制博弈

这里讨论的进入遏制博弈，在遵循竞争法的前提下，在博弈论的相关文献中讨论得比较多，而且有更广泛的影响力。在这次的例子中，两名参与者是现有的垄断企业和一个潜在要进入垄断行业的企业。这个企业可以选择进入市场或者不进入。如果进入市场会有更高的收益，那么这个企业就会选择进入该市场，但是，当这个企业进入该市场之后，原先的垄断企业就不会有以前那么高的收益。垄断企业对准备进入市场的新企业发出了要采取激进市场行动的威胁。比如说，投资更多的广告不会分给新企业任何的市场份额，或者会采取降低商品价格的行为来阻止新企业进入。当新企业进入市场的时候，垄断企业会降低它的商品价格直到新企业无法获取利润。无论垄断企业采取哪种措施，对两家企业来说都需要支付不小的成本。在这个例子中，我们首先提出三个问题，垄断企业的威胁是可信的吗？这些行为能够有效地遏制新企业进入吗？如果不能成功遏制新企业进入，那么垄断企业还能找到其他可信的威胁方法吗？我们将会使用博弈论的方法来解决这些问题。

在对这个问题建模的时候首先需要对市场简化某些假设。我们假设整个市场利润为 10，如果垄断企业让步，那么两家企业平分整个市场各获得 5 的收益。如果垄断企业采取行动阻止新企业进入需要有 1 的花费，如果新企业选择不进入市场，那么它的收益是 0。新企业首选择进入市场或者不进入。如果新企业选择进入的话，垄断企业选择遏制新企业进入或者分享市场份额。如果新企业不进入市场，垄断企业不采取任何动作，游戏结束。垄断企业有两种策略，如果新企业选择进入遏制它进入，即（遏制，什么都不做），或者与新企业平分市场，即（容许，什么都不做），表 5-3 展示了这个例子的收益矩阵。

表 5-3 进入遏制博弈的策略

新企业，垄断企业	容许，什么都不做	遏制，什么都不做
进入	5，5	−1，−1
不进入	0，10	0，10

两个纳什平衡点：

（1）{进入，（容许，什么都不做）}。

（2）{不进入，（遏制，什么都不做）}。

在纳什平衡点 1 上，两家公司平分市场份额，在纳什平衡点 2 上，因为垄断企业会遏制新企业的进入，所以新企业选择不进入市场。新企业更偏好纳什平衡点 1，而垄断企业更偏好纳什平衡点 2，我们使用博弈树来分析纳什平衡点是不是子博弈精炼纳什均衡点，在图 5-4 中，新企业在 E 点决定自己进不进入市场，如果新企业选择不进入的话，那么垄断企业在 M_1 处做出是否遏制新企业进入的决定。

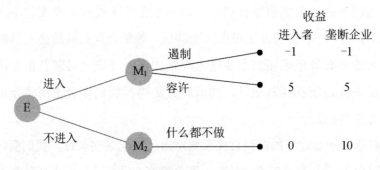

图 5-4　进入遏制博弈的展开形式

在 M_1 处，垄断企业的最佳回应是容许新企业进入，因为新企业进入的话收益是 5，如果遏制新企业进入的话收益是 −1，所以在新企业决定进入的情况下，容许它进入是最佳选择。新企业如果不进入市场的话，它的收益为 0，因为垄断企业会选择容许它进入，那么这两家公司的收益都是 5。当然在 E 点处新企业会选择进入市场，那么纳什平衡点 1{进入,（容许，什么都不做）}是所有决策中的最优选择。在纳什平衡点 2 处，新企业被遏制进入市场，如果这样的话，两家企业的收益都是 −1，所以这是一个不可信威胁，进而这并不是一个**子博弈精炼纳什均衡**（**subgame perfect Nash equilibrium**）。只有纳什平衡点 1 是子博弈精炼纳什均衡，在 E 点处新企业选择进入，在 M_1 处垄断企业容许新企业进入平分市场份额。

我们对上文中提到的子博弈精炼纳什均衡给出定义。

子博弈精炼纳什均衡是一种每一个局中人所做的策略选择不包含不可置信威胁的纳什均衡。也就是说，在这种均衡中没有一个策略要求任一局中人去采取他当时并不感兴趣的行动。

为了明白这个术语，我们注意到"子博弈"是一个更大博弈的一部分，从一个决策的节点开始，并且包括所有从这个节点往后的所有行动。要使得一个博弈是子博弈精炼纳什均衡，每个子博弈都必须是纳什均衡。不满足这个准则的纳什均衡就至少包含一个策略，这个策略包含着当到达那个点时局中人不履行自己诺言的风险。因此，子博弈精炼纳什均衡的关键在于这个均衡不能包含不可置信的威胁。

子博弈精炼纳什均衡要求参与人应该是**序贯理性**（Sequential rational）的，即不论过去发生什么，参与人应该在博弈的每个时点上最优自己的策略。对于有限完全信息博弈，倒序分析法是求解子博弈精炼纳什均衡的最简便方法，即从最后一个子博弈开始逐步向前倒推以求解动态博弈均衡，因为有限完美信息博弈的每一个决策结都是一个子博弈。

子博弈精炼纳什均衡的结果是区分动态博弈中的合理纳什均衡与不合理纳什均衡，将纳什均衡中包含不可置信的威胁策略剔除，使最后的均衡中不再包含不可置信威胁策略的存在。

5.1.6 使遏制威胁成为可信的

在之前我们提到的问题中，能否使两者受益最大，理论上来讲答案都是否定的，因为遏制新企业进入的威胁是不可信的，新企业总会进入市场。至于第三个问题，我们到底有没有办法使得威胁是可信的，在这一小节中，我们考虑到一些垄断企业能够承诺的方法从而使威胁变成可信的成为可能。可以将遏制新企业进入变成最佳的选择，这时就会产生不可恢复的成本，这对于垄断企业来说并没有益处，例如，如果垄断企业降低成本从而降低商品价格，就会降低新企业的利润，或者，垄断企业可以在自己的商誉方面进行投资或者发展更多的客户，有了广范围的消费者群体，垄断企业可以拉响宣传大战。通过这样的方法可以改变收益情况，我们可以假设在新企业决定进入，垄断企业决定遏制的情况下，这样做的成本是 c，收益为 d，做这样的改变之后,重新建模之后的博弈树如图 5-5 和图 5-6 所示。

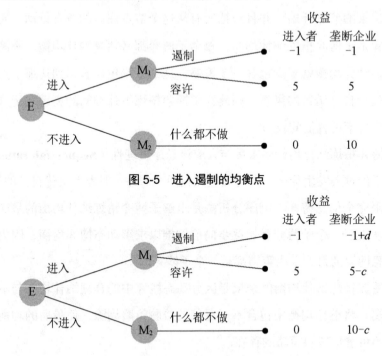

图 5-5 进入遏制的均衡点

图 5-6 威胁可信的进入遏制的展开形式

使用逆向归纳法逆向至 M_1 点时,垄断企业决定遏制新企业进入,此时收益情况为:

$$-1+d > 5-c \qquad (5.1)$$

如果垄断者遏制新企业进入的收益 $-1+d$ 比容许其进去的 $5-c$ 要大的话,在新企业决定要进去市场的条件下,垄断企业选择遏制的措施成了最佳措施。这时,威胁便成了可信的,新企业将会选择不进入市场,此时垄断企业的收益为 $10-c$,因为 c 是不确定的,所以垄断者的收益可能会比之前例子中的少,只有当以下式子实现的时候,垄断企业花费成本去遏制新企业进入才是值得的:

$$10-c > 5 \qquad (5.2)$$

只有以上两式都满足的条件下威胁才是可信的,如果式(5.1)成立的话遏制新企业进入是可行的,如果式(5.2)也成立的话,这笔花费才是值得的。

结合式（5.1）和式（5.2）可以得到式（5.3）：
$$5>c>6-d \tag{5.3}$$

如果式（5.3）满足的话，就能够成功遏制新企业的进入并且这笔花费是值得的，在这种情况下，{不进入，（遏制，什么都不做）}不仅是纳什平衡点，也是子博弈精炼纳什均衡点，在某些情况下，比如式（5.3）所示或者等价的条件下，垄断者可以通过增加某些方面的投资来成功地遏制新企业的进入，此时，威胁就成了可信的。

进入遏制博弈是博弈论中的一个经典问题，经常出现在博弈论的教科书中或者出现在经济分析类书籍中用来讨论不正当竞争问题。在产业经济类或者产业组织和管理类经济学课程中会经常出现。进入遏制博弈的定义是：（1）行动是循序的；（2）一个参与者发出威胁目的在于遏制另外一个行动者；（3）行动潜在对一个参与者有益，但会损害另一个的利益。博弈论不仅局限于产业组织的理论中，在实际中也有很大的应用价值。应用围绕着威胁是否可信的问题。

在我们的例子中，威胁都是不可信的，友好不友好是本章中的一个例外，然而你可以看到参与者可以通过投资等方式使他们的威胁变得可信。

5.1.7 经典案例：本田与雅马哈之争[①]

□ 本田的崛起

在高速增长的市场环境当中，为了"先发制人"，获得主动权，企业必须比竞争对手发展得更快，这样才有机会在市场中长期立于不败之地。也就是说，要抢在对手之前提高销售额，增加销售利润，从而扩大市场占有率。而一旦获得高增长率，以后只需继续保持"先发制人"就能万事大吉，在市场竞争中保持一个长期的优势地位。假如销售额比竞争对手高，就可以降低成本，成本的降低对于扩大市场占有率具有重要意义；而成本下降后，经济效

---

① 石军伟：《本田VS雅马哈：战略之争》，《企业管理》，2001年第12期。

益提高，资金更加雄厚，贷款也将变得容易，有足够的资金再投入，又能进一步扩大市场份额，进入下一轮"先发制人"循环。因此，在激烈的市场竞争之中，如何"先发制人"抢占市场是企业战略的第一步。

20世纪50年代的日本摩托车市场以总销量每年40%的势头增长，行业的首席宝座数易其主。最初是东发公司，其市场占有率为22%，本田居次席，为20%。但在此后的5年间，本田取得了摩托车行业稳固的霸主地位，夺得了44%的市场份额。东发的市场占有率下降到4%，被迫让出了头把交椅。究其根源，在于面对迅速增长的市场时，东发一直对扩大生产下不了决心，固守旧志。而本田则力求与每年42%的需求增长率相适应，快速提升市场占有率，使年销售额增长了66%，并为此果断筹措了大量的银行贷款。东发则自恃第一，安于现状，没有把本田放在眼里，本田才能充分地灵活运用"先发制人"战略迅速降低成本，从而在摩托车市场争夺中占据优势。而此时摩托车市场的年增长率已下降到9%，东发已回天乏术，在让出首席宝座后，一败涂地，终致破产。本田自此不断发展，实力愈发雄厚，到1969年与雅马哈、铃木、川崎四分天下时，本田在日本本土的市场占有率高达55%，终成行业新领袖。

20世纪70年代初，世界摩托车市场需求的增长明显减缓，接近饱和。本田决定开拓新的生产线——进军汽车市场，实行多元化经营。而当时的日本汽车行业还很不景气，为了防止新事业的失败，本田不得不将手头上最好的设备、技术力量和优秀人才投入其中，而支持那些大规模投资的，当然非摩托车部门莫属。但本田当时绝对没想到，此举竟导致了近代工业领域的一场"经典之战"。

□ 雅马哈的猛烈攻击

趁本田分心于汽车事业无暇顾及摩托车业务之机，新的摩托车厂家雅马哈认为这是一个争夺世界第一的好机会，并为此不惜一切代价积极开拓市场份额。本田公司的国内市场份额在60年代创下65%的最高纪录之后，开始走下坡路。在雅马哈的猛烈攻势下，本田节节败退，1981年甚至降到了40%。

与此相反，雅马哈的比重，60年代中期尚不足10%，到了1981年，却增加到35%左右，即把本田失去的份额全部占为己有了。

后来，二者的差距又进一步缩小为1个百分点，本田为38%，雅马哈为37%。雅马哈再往前走一步就将超过本田，夺取头把交椅。雅马哈确实是志在必得，把拥有的一切资源全部投入到摩托车及相关产品上去，品种日趋齐全，生产能力不断提高。20世纪70年代，雅马哈的品种是18种，大致为本田35种的一半。1981年，雅马哈是60种，本田是63种，大体相当。此后，雅马哈连续不断推出18种新车型，超过了本田的17种。雅马哈在不断地与本田抗衡，经济效益超过了本田。在60年代末，双方的税前利润率都是7%—10%，80年代初则都是3%左右。本田由于缺少经验，在汽车的研究开发上进行了大量投资，因而降低了利润率。1970年，本田研究开发经费占销售额的2%；1983年则上升到5%，而同期雅马哈的研究开发费用仅为销售额的1%左右。

雅马哈的经理终于在1981年公开露出拿下本田的意图，并大言不惭地说："本田正在拼命推销汽车，有经验的摩托车推销员几乎都集中在汽车部门，我们可以在摩托车上与它一决雌雄。只要有生产能力，我们就可以击败本田。"同年8月，雅马哈宣布开始建造年生产能力为100万辆纳新摩托车厂。这个新工厂一旦建成，雅马哈的总生产能力将达到400万辆而超过本田20万辆左右。假如其新厂的摩托车在日本可以全部销出，那雅马哈的国内市场占有率就将接近60%。因此，雅马哈的经理小池发出这样的檄文："本田和敝公司之间决定性的差距，在于我们强大的供给能力。我们既然是摩托车的专业厂家，当然不甘屈居第二。一年内，我们将要成为国内最大的厂家。两年内，我们要称雄世界。"而此时的本田则在美国建设大规模的汽车工厂，步步深入汽车业。

□ **本田的强势反击**

面对雅马哈的挑战和扩张，本田当然不会沉默。一进入1978年，本田的河岛经理宣称："在我当经理期间，决不允许首席宝座拱手让人。"在反击雅马哈进攻时，本田采取的措施主要有：

（1）**产品创新策略**。在本田的报复战中，使用的新战术就是扩充产品品种，不断推出新型摩托车，同时大量停止旧型号的生产，给消费者焕然一新的感觉。在不到一年半的时间里，本田推出 81 种新车型，淘汰了 32 种旧车型，共变更了产品目录中的 113 个品种，这个数字实在令人吃惊。而雅马哈推出的新品种不过 34 种，只淘汰了 8 个旧品种，相形见绌。本田的重拳出击，使得雅马哈的销售额下降了 50%以上，蒙受了巨大损失。而此时，本田依靠汽车的连续成功，使财务体制变得非常健全。雅马哈不得不制订应急计划，摩托车的产量削减到 150 万辆，此后又降为 138 万辆，裁员规模也继续扩大，约占全部员工的 20%。原制订的事业计划在两年内不得不全部冻结。从 1984 年年初到 9 月，本田又更新了 39 种旧型号，推出 39 个新品种。这样，本田在日本市场发售的摩托车品种共达到 110 个，而雅马哈只有 23 个新产品。尤其在主导产品 50CC 级上，本田已有 18 个品种更新换代，而雅马哈竭尽全力只开发了 6 种。

（2）**价格折扣策略**。本田在反攻过程中的主要措施就是大幅度降价，连最畅销的品种也降价三成，让雅马哈措手不及。1982 年夏天，500CC 级的微型摩托车甚至卖得比 10 挡变速自行车还便宜。在价格竞争最高潮的时候，本田仍能以低于雅马哈一成的价格批发给零售商。在宣言发布后，本田的国内市场份额从 38%一路上升到 43%，而雅马哈则由 37%下降为 23%。

除此之外，本田还采取了**产品扩散策略**——通过委托销售的商品库存，扩散产品，不仅加速产品销售，同时有利于占领市场，以及**促销策略**——面对攻击，加强了广告宣传，从而增强消费者的品牌意识。

□ 双雄对决：雅马哈回天乏术

本田的新型产品无论从性能方面还是在外观方面，都大受消费者欢迎。零售商也积极地配合，促进本田产品的销售。本田以牺牲旧型号的销售额为代价，并通过新产品开发提高了销售额。新产品的不断推出，意味着产品的寿命周期已缩短。相应地，市场现有型号产品的需求量则会急剧减少。产品的这种短命化，对于市场现在占优势的一方来说，确实是件好事。但是，对相对落后的企业来说正好相反，一方面，必须加强投资，以加快新产品开发进程；另一方面，又必须大幅度地降价，以处理堆积如山的库存老产品。然而，由于资金上的障碍，这些企业很难做到这些。

据估计，1983年年初，雅马哈的库存量达到了摩托车行业总库存量的一半左右，相当于其整整一年的销售量。处理库存的唯一办法是向零售商提供推销费，并大幅降价，但雅马哈连这点力量也没有了，被逼得走投无路。最后竟一本正经地研究如何化库存为废铁的计划，可谓黔驴技穷。雅马哈及其子公司的财政马上陷入困境，1981年的负债和自有资金的比例是3∶1，但到1983年则恶化为7∶1。然而，本田却丝毫也不放松追击，进一步增加品种，对雅马哈施加压力。为了避免破产，雅马哈开始拍卖资产。从1983年4月到1984年4月的一年时间里，雅马哈出卖了相当于160亿日元的土地、建筑物和设备。职工的平均工资也有大幅度下降，奖金则根本不发。种种迹象表明，雅马哈的衰败已无法阻止了。

从本田开始猛烈反攻的一年半后，1983年1月，雅马哈的小池经理认输了："本田的攻势，我们实在无法招架……希望雅马哈和本田的战争能够结束……守住雅马哈应有的地位（仅次于本田居第二位）。"

雅马哈的经理做了这样的回应："现在摩托车市场出现的过度竞争，说起来，责任在敝公司。因此，敝公司首先应清楚地看到自己现在的处境，建立与同业中其他公司协调的体制……当然，今后并不是没有竞争……我的意思是，必须在相互承认、明确雅马哈和其他企业相对关系的基础上展开竞争。"

这场历时两年的恶斗以本田大获全胜而结束，但在这一"经典之战"中，双方均展开了高超的战略技巧。对双方所采用的战略、战术进行回顾与分析，将对企业更好地参与国内和国际竞争有着重要的借鉴意义。

□ 案例总结

市场领导者（主要在位者）的优越地位为企业带来了丰厚的利润，独一无二的市场地位同时也会招致行业内竞争对手的眼红，特别是处于挑战者的企业，它们不甘示弱，会以各种方式发动进攻。像上面的案例中，当本田在雅马哈的攻击之下，企业经济效益受损时，敢于面对现实，毫不畏惧，积极开发新产品和服务项目，强化市场优势，在攻击者接近之前，集中火力，大量而有力地组织防御反击，最终使雅马哈败北，本田取得了市场防御战的胜利。

在制定竞争战略的过程中，企业必须认真研究竞争对手，在知己知彼的认识上不应出现大的偏差。在整个竞争过程中也要始终保持对自己与对手的清醒认识。雅马哈初战告捷，除自身成功的经营策略外，一个重要因素就是抓住了本田把主要精力放在汽车上而无法兼顾摩托车业务的机会，所以它能够在初期一路凯歌。但它却没有认识到本田这样的巨人的真正实力，而且汽车与摩托车是紧密相关的，二者发展是互补而非互斥。因此一旦本田全力反扑时，雅马哈便由于错误地估计自身与本田之间的悬殊实力而置自己于不利境地。更大的败笔则是在竞争的关键时刻投巨资建新工厂，导致内部资金入不敷出，几乎无力开发新产品。这无异于向对手拱手奉送反击战机。

无论企业通过什么战略形式来定位，成功者最终都会成长。一旦成为某个领域的领导者，企业就必须考虑打一场防御战，以确保新的定位发展。而守势方最佳的防御就是勇于攻击自己：由于防御者通常处于市场的领导地位，在顾客心中占据了强势位置，提升地位的最好方法是不断地自我攻击。换句话说，通过不断推出新产品和新服务，让既有的产品和服务变得过时，以此强化领导地位。

另外，假如你想阻击竞争对手的进攻，就要立刻行动；假如你只是坐等，就会贻误战机。案例中的本田等到雅马哈开始猛烈进攻，并已经危及自身的市场领导者地位时才开始发起反攻，这是非常危险的。虽然本田最终将雅马哈打得一败涂地，但这并不能否认本田的防御战中存在运气的成分。本田也需要从中吸取一些经验。在本田与东发之战和雅马哈与本田之战中，有一点非常相似的地方就是，后来者都善于抓住时机发动猛烈的攻击，给予对手以猝不及防的打击。本田抓住市场需求每年以42%的速度增长而霸主东发却畏首畏尾、不思进取的时机，快速提升市场占有率，使年销售额增长了66%，从而一举夺得了摩托车行业稳固的霸主地位,待东发醒悟过来准备奋起直追时,摩托车市场的年增长率已下降到9%,东发终于无力回天。雅马哈同样抓住了本田分心于汽车事业而无暇顾及摩托车业务的时机,发动大举进攻,在开始确实给予本田沉重的打击,使本田一时穷于应付。

作为市场势力的守势方,如果可以主动防御,就不要被动防御。有时进攻是为了更好地防守。在保持原有市场份占有率的基础上,可以扩大市场份额来增强自己,甚至可以开发整个市场,让竞争者只能模仿或者知难而退,避免与之竞争。

雅马哈的战略与本田早期的战略并无实质差别,二者都选择了"先发制人"战略,却得到了截然不同的两种结局,其很大原因在于时机不同。"先发制人"战略是自由市场经济发展的必然结果,但只有在市场或长期的高增长条件下,才能更有效地发挥威力。而这种战略在成熟期的低增长市场中则难有作为。雅马哈在摩托车市场接近饱和时,使用这一"本田发家术"贸然进攻本田,其结局可想而知。

在竞争中,本田采取大幅降价和加速产品更新换代的策略给予雅马哈致命的打击,使得雅马哈摩托车产量一减再减,裁员规模也不断扩大,达到全部员工的20%,原制订的事业计划在两年内不得不全部冻结。所有迹象表明,雅马哈已元气大伤,中短期内几乎不可能再对本田构成威胁。但本田却丝毫也不放松追击,继续执行"追穷寇"的战略,进一步增加品种,对雅马哈施加压力,致使雅马哈在破产的边缘徘徊,不得不靠出卖资产来挽救颓势。本田的策略无疑是非常明智的。如果本田不继续"追穷寇",则经过数年的休养生息后,雅马哈仍有可能卷土重来。但本田穷追猛打,使雅马哈濒于破产,将再也无力与本田竞争了。

本田与雅马哈之间的这一场争斗影响是深远的。它不仅对这两家企业今后的发展产生重大的影响,也对日本乃至世界的摩托车行业的布局与发展产生难以估量的影响,更为企业参与和应对市场竞争提供了一个值得多方借鉴的教材。在这场"经典之战"中,本田虽取得了决定性的胜利,但正是它最初的失策导致了这场恶战；反之，雅马哈虽然被彻底打败，但它在这场争战中所表现的胆识和决断却也颇值得玩味与借鉴。

5.2 攻势：扩张市场势力

俗话说，进攻是最好的防守。上一节我们从博弈论的视角全面分析了防守的策略，这一节我们再次利用博弈论的分析框架，来阐述企业如何在市场中使用攻势策略来扩张市场势力。从理论上讲，扩张市场势力主要有两条途径：(1) 通过营销和定价来抢占**红海（red ocean，现有市场）**，争取扩大公司产品或服务在现有市场中的份额；(2) 执行**蓝海（blue ocean，潜在市场）**策略，通过设计和研发来开发潜在市场。无论是从红海中抢占更多的市场份额，还是在蓝海中另辟蹊径，都需要通过整合资源来实现。一般而言，这种整合资源的方式也有两种：(1) 主要依靠公司的自身的力量和积累，来实现现有市场份额的增长或者是潜在市场的开发；(2) 运用金融手段，通过兼并和重组来抢夺优势资源，这样的主要好处在于降低研发风险，同时也有助于迅速抢占和扩张现有市场。

5.2.1 抢夺现有市场：营销与定价

从商业分析的角度，我们一般将现有市场称为红海，一个"红"字充分展示了现有市场上激烈的竞争态势。从经济学理论上讲，市场结构划分为垄断、寡头垄断、垄断竞争以及完全竞争四种情况。然而实际上，垄断和完全竞争除了在个别产业中以外，在现实经济中并不多见。因此，对于大多数行业而言，其市场结构往往是领导者、追随者以及众多的中小型企业，以及潜在的市场进入者。在现有市场竞争中，定价无疑是至关重要的一个因素，因为从博弈论的角度来讲，市场参与主体的一方在价格上有所动作，那么其他市场参与主体同样需要采取相应的对策，否则会在市场竞争中处于不利位置。

现实经济中,由于定价带来的市场竞争格局变动,肯定存在"发起者"与"应对者"间的时间差,因此这是一组跨时博弈。用博弈树分析时,理论上讲应对者比发起者更具优势,因为他能够根据发起者的已有选择来做出对自己最为有利的选择。例如,发起者选择抬高价格后,在假定其他控制变量稳定的情况下,应对者选择低价策略,定会获取更多的市场份额。同理,如果当发起者选择低价策略时,应对者也只有选择低价策略来避免损失。因此对于跨时博弈来讲,发起者需要预判应对者可能会采取的应对措施,利用倒推法来制定自身的策略;应对者具有后发优势,可能根据发起者的策略,结合自身实际,选择对自己最为有利的一种策略。以上是从博弈论理论的角度分析,这种跨时博弈在处理现有市场的定价问题。

然而,现实经济中,上文所说的其他控制变量稳定的情况是不存在的。这些控制变量包括市场结构与市场参与主体的地位,品牌价值以及消费者偏好等诸多问题。因此,当使用跨时博弈这一理论工具来分析市场中的定价问题时,一定要全方面考虑,例如:需要认清自己在本行业所处的地位,是领导者、追随者还是中小型企业;该行业产品或服务的同质性是否明显;消费者的品牌偏好和消费习惯如何……

□ 经典案例:国酒茅台[①]

我们非常熟悉的国酒茅台,自 2006 年以来价格猛增。其主打产品 53 度飞天茅台,从三四百元飙升至一千三四百元,即使这样依然一瓶难求。其主要竞争对手五粮液的产品,在此之前跟茅台的价格相差无几,在此轮涨价风潮过后,五粮液跟茅台的价差已经高达 500 元。究竟是什么原因造成了茅台酒不断提升价格,在高端白酒市场中的地位和市场表现不但没有下降,反而造成了一瓶难求的局面呢?这主要源于茅台的国酒地位和稀缺性。一方面,由于历史原因,茅台被冠以国酒称号,这至高无上的荣誉使得其他竞争对方

---

① 综合整理自互联网。

望尘莫及；另一方面，由于酱香型白酒的特性，茅台的年产量非常有限，造成了非常明显的稀缺性。上述原因使得茅台酒能够"反市场原则"不断提高价格，反而取得更好的市场表现。

茅台的案例表面上是一个定价的问题，实际上还牵涉营销的问题。其中，运用得最为精妙的便是定位这一概念。在过去的中国高端白酒市场上，一直是茅台和五粮液的"二龙戏珠"式竞争格局，汾酒、郎酒、泸州老窖等作为第二集团，主攻中高端市场。这几年，茅台酒跟政府、军队、国企等单位建立紧密联系，突出其国酒概念，并强调其稀缺性，发力将自身定位大大提升，逐渐将其竞争对手五粮液挤出第一集团，成为高端白酒行业内的龙头老大。茅台酒的成功正是综合运用营销和定价手段来抢夺现有市场，进一步扩展市场份额的经典成功案例。

□ 经典案例：联邦快递抢占中国市场[①]

联邦快递成立于 1973 年，是全球最具规模的快递运输公司，为全球超过 200 个国家及地区提供快递服务。公司的亚太总部设在中国香港，同时在上海、东京等均设有区域性总部。联邦快递 2007 年 6 月正式进入中国内地快递市场，主要占领高端市场，2008 年已经历四次降价，与最初资费相比，价格降幅超过 70%。在成本不断上升的情况下，联邦快递以每月亏损超过 5 000 万美元的代价抢占中国市场，并且取得一定成效，已完成对中国市场的初步布局，服务网络已经覆盖两百多个城市，此举对中国本土快递市场产生了不小冲击。

对于联邦快递在此时施行降价之举，联邦快递表示做出这个决定的初衷是以应对中国快速变化的市场以及客户要求的转变，而针对联邦快递销售价格远低于成本这一焦点问题，联邦快递的回复是："联邦快递在中国市场为客户提供的是高质量的，与众不同的服务，我们不断对服务、定价进行监测，目的是为客户提供最大的价值。"而其实我们都知道，联邦快递的"优惠价

---

① 综合整理自互联网。

格",被业界认为是低于成本的价格,其目的是抢占市场,以谋求更长远的发展。

□ **经典案例:美即公司利用正确的营销与定价战略成功抢占现有市场**[①]

美即面膜则是通过营销与定价来争夺现有市场的又一个成功案例。美即——中国面膜品类的领导品牌,2009年以来一直占据市场份额第一的位置。然而,美即最开始的战略并非十分成功。而最终使得美即实现如此辉煌成绩的,也正是正确的营销和定价战略的执行。开始,美即主要将精力集中到中高端客户群体,主要选择在商场专柜这一渠道销售,而且定价比较高,达到三四十元每片,而且每盒采用 5 片式包装。然而,当时的中高端市场主要被国际名牌牢牢占据,跟它们竞争这一市场可谓难度空前。极少的终端销售量不得不宣告这一战略的失败。美即开始寻求战略改变。公司意识到消费者使用面膜的频次正在不断增加,面膜渗透率不断提升,面膜逐渐从高端奢侈化妆品向大众消费品转变。而且,随着人们收入水平的提高和对美的追求提高,面膜消费人群也不断扩大。公司观察到,做面膜的过程正逐步演变为一种休闲体验,可以让消费者从快节奏的生活中逃脱出来短暂的放松。25—30 岁的爱美、舍得为美消费的普通职业女性得到了公司的关注。

于是,美即抓住了这一契机,将面膜定位于"大众快消品领域的休闲美容新品类",是专业化妆品与大众快消品的连接,产品功能与休闲体验需求的连接。围绕这一鲜明定位,美即在产品开发、销售渠道等方面都做了配合。在产品方面,美即意识到消费者并不需要一次性买许多片,于是开始推出单片销售策略。同时,美即意识到面膜从专业化走向快消化是必然趋势,其主流市场不应是药店等专业化通路,只有大众快消化才能带动巨量的销售规模。

在定价上,美即考虑到快消品具有消费频次高、价格相对实惠的特点。于是美即将单片的面膜最便宜的定价在 10 元左右,还经常有"买 5 送 2"等

---

① 综合整理自互联网。

促销活动,非常符合"快消化"的感觉。在产品开发上,美即既要确保产品的专业性,又要顾忌大众快消品的属性。在专业层面,美即注重研发,满足消费者对产品质量的需求。这些研究包括新专利、新功能、对现有产品的改良等。为了寻找到合适的织布材料,美即还要求日本供应商为其提供40余款无纺布样品供其挑选,此外还选用美容专利技术和进口原料完善其产品。在快消层面,美即注重产品多样性,给消费者丰富的选择。美即迄今拥有13个系列超过170种面膜产品。

在渠道开发方面,美即结合自身产品定位的特点,选择了集快消化与专业化于一体的个人护理产品零售连锁店屈臣氏作为首选渠道。美即认为,如果先做沃尔玛或者家乐福,都不能支持到快消化与护肤品专业化的结合,只有屈臣氏能做到这点。一方面,屈臣氏的双重属性与美即专业化妆品与大众快消品结合的产品定位非常吻合;另一方面,屈臣氏的消费者大多是愿意尝试新鲜事物的时尚女性,这与美即面膜的目标消费群不谋而合。与此同时,美即采取措施向传统渠道和专营店渠道渗透,当时的战略思想是,既要保证屈臣氏渠道不受影响,同时又不能放弃传统渠道和专营店渠道。美即面膜定位于专业化妆品和大众快消品的休闲美容新品类,因此,需要给消费者提供更好的空间便利性,方便消费者购买,所以需要广泛地开发零售终端形态,方便消费者就近选择和购买。此外,这样做还有一个好处,就是即使和屈臣氏终止合作,美即也游刃有余,不至于陷入危险局面。

在推广配合上,美即从2010年年初起,开启遍及全国地铁、卖场、电视、网络等媒体渠道的大范围轮番轰炸,"停下来,享受美丽"的影视广告遍布吃、住、行的每个角落。美即还通过媒介平台,采取以省市联动、软硬结合的形式在各种媒介做深度宣传。强大的广告到达率使美即品牌街知巷闻,"停下来,享受美丽"这句朗朗上口的价值主张渗透到女性的生活环境中,不断强化消费者对美即的认知,成就了"美即"的时代,而不仅是"时刻"。

美即从开始进军中高端市场战略的失败,到发展成为中国面膜品类的领导品牌,并一直占据市场份额第一的位置,正是由于正确的营销和定价战略的配合。可见，正确的营销与定价战略，对于抢夺现有市场，提升市场占有率，无疑具有关键的意义。

5.2.2 开发潜在市场：设计与开发

现有市场中的拼杀往往是残酷的，而一些企业却能够另辟蹊径，通过设计与研发来开发潜在市场，这在商业竞争上称为蓝海战略。在本节中，我们将通过苹果iPad的案例来解释蓝海战略对企业发展至关重要的作用。

□ 经典案例：苹果公司iPad抢占潜在市场[①]

如果有人问世界上最伟大的科技企业，很多人会回答思科、谷歌、英特尔等；如果有人问世界上最时尚的企业，很多人会回答路易·威登、阿斯顿·马丁、莱卡等，但是若是问世界上最时尚的科技公司，那么答案只会有一个，那就是美国的苹果公司。随着经济的持续快速增长和电子产品消费人数的逐步上升，电子消费市场成为企业竞争的焦点，各大电子品牌纷纷加快抢占市场的步伐。苹果公司十多年来所推出的产品，包括iPod、iPhone和iPad，不仅成功恢复苹果公司昔日辉煌的市场地位，同时也带来了令同行垂涎的毛利率。创立于1976年的苹果公司，在成立初期的飞速发展后，经历了创始人出走、重大战略失误以致公司差点彻底颠覆的困难，终于在1997年得到乔布斯的重新掌权。从苹果产品问世以来，苹果公司通过市场定位、特色营销等手段成功影响消费者的消费决策，将自身品牌塑造为致力于改造世界的高端人士必备产品，继而提高苹果产品的认知度和品牌识别度，这其中尤以iPod的营销最为突出。苹果公司于2002年推出彻底挽救并提升苹果命运的iPod，曾经占到全球便携式播放器60%以上的市场份额；于2007年推出具有划时代意义的iPhone，彻底颠覆高端智能手机市场格局，成为潮人人手一部的时尚利器。但是，无论是iPod还是iPhone，都不能理解为真正意义上的开发潜在市场。因为，在iPod推出之前，索尼、三星等知名厂商已在MP3领域根植多

---

① 案例综合整理自互联网。

年,并培养出一批忠实用户。iPod 横空出世并迅速抢占市场的原因在于其强大的配置、完美的工业设计以及友好的用户界面,使其完胜索尼、三星等知名厂商的 MP3。iPhone 所面临的市场格局则更为复杂:诺基亚、三星、索爱、摩托罗拉在 iPhone 进入手机市场前已经厮杀多年。iPhone 取得成功的原因分析见诸各类学术期刊、时尚传媒,但是跟 iPod 一样,强大的配置、完美的工业设计以及友好的用户界面是其成功的基本保证。

但是,苹果发展历程中最为重大的突破应该是 iPad 的推出。尽管 iPad 并非苹果的最大利润来源,但它完美诠释了如何通过设计和开发,给电子消费品行业带来新的巨大市场。iPad 开创了平板电脑领域的新局面,填补了笔记本电脑与智能手机之间的空白。极致轻薄的机身、优越的操控体验、强劲的硬件配置以及丰富的软件支持使它成为平板电脑中最为畅销的产品。2010 年 4 月,苹果首发 iPad 短短 1 个多月的时间内,销量已经破百万,而 iPad 如此被推崇和热销,引领了个人电脑市场的走向,也拉开了各大 PC 厂商逐鹿平板电脑市场混战的大幕。继 iPad 之后,各大品牌厂商先后推出了各自的平板电脑,一时间电子市场热闹非凡。三星 Galaxy Tab P1000 是继苹果 iPad 之后又一款令世界瞩目的平板产品,这款产品采用了 7 寸屏幕设计,搭载 Android 2.2 操作系统,如果插上 SIM 卡的话还可以实现电话功能,综合表现同样出色。其他出色的平板电脑还包括联想的乐Pad、IdeaPad,摩托罗拉的 MOTOXOOM,华硕的 EeePadSlate,宏碁的 IconiaTabA500 等。但是,无论市场上有多少强劲的竞争对手,iPad 始终保持行业老大的地位。这自然与其完美的工业设计和高大上的品牌形象有关,但是其率先开辟平板电脑所取得的先发优势也是非常明显的。从博弈论的角度来说,开发者占据先发优势,能够根据后来者的策略制定相应的应对策略来限制后来者的发展。

从平板市场的实际情况出发,并结合图 5-7 的博弈树来看,大多数平板电脑的价格并不比 iPad 低。例如三星、摩托罗拉的平板电脑定价都在 iPad 之上,这些厂商也是希望走高端路线。面对其他厂商的策略,苹果在推出 iPad2 时,采取了令市场意想不到的低价策略。例如在中国大陆 iPad2 行货最低价格仅为

3 688 元，三星平板电脑在 4 500 元左右，黑莓的平板电脑也在 4 000 元之上，可见 iPad2 价格优势明显。当一个具有完美工业设计、众多疯狂粉丝、最佳性能的 iPad2 携极具诱惑的价格面世，对其他品牌的品牌电脑来说无疑是灾难。iPad2 一上市即遭到全球范围内的抢购，众多粉丝彻夜排队，仍然难求 iPad2。

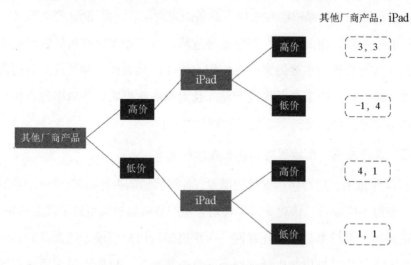

图 5-7　iPad 与其他厂商产品的博弈树

　　iPad 的成功恰恰印证了开发潜力市场的巨大商机。在 iPad 之前鲜有玩家知道平板电脑的存在，而 iPad 的横空出世，开启了平板电脑的时代，同时由于其先发优势，加上一贯的品牌忠诚度使得 iPad 一直占据品牌电脑的龙头老大地位。此外，iPad 的推出还有以下三个方面的突出贡献：

　　第一，在 iPad 之前，尽管苹果已经非常成功，但是其推出产品都是现有市场产品，只是因其品牌形象和实力，做出了更多新奇特的改变抢占市场；但是 iPad 的推出，开启了平板电脑的时代，由此苹果彻底奠定了对电子行业的引领地位，品牌价值得到显著提升。

　　第二，由于苹果操作系统的封闭性，以前的产品如 iMac 遭受一些玩家的抵制，始终未能成为笔记本电脑上的主导品牌。但是随着 iPad 优势地位的确立，苹果自成一统的操作系统和用户界面为更多的顾客所熟悉，也客观上可以帮助苹果其他产品的销售。

第三，iPad 的巨大成功，使得各大厂商竞相投入平板电脑市场，这自然会打乱它们原有的开发计划。iPad 的随时更新，更是使得各大厂商疲于奔命。如此一来，iPad 便能潜心开发下一个更为传奇的电子产品使得自己永远引领潮流。

通过设计和开发赢取潜在市场所具备的先发优势，是 iPad 乃至整个苹果公司胜利的关键。由此可见，开拓蓝海战略，对于处于现有市场激励竞争下的厂商而言有着极为重要的突破性作用，因此，具有设计和开发实力的公司一定要看清各行业内最具前途的产品、技术和商业模式，争取率先占领全新市场取得先发优势，使得企业处于领跑者的地位。

□ 经典案例：生活理财 app 发力抢占市场[①]

2014 年以来，随着移动支付的爆发，各类移动购物和 O2O 等应用场景的丰富，使得手机银行、移动支付等移动金融产品市场前景得到了极大的拓展。在"正规军"银行参与移动互联网——手机银行用户规模迅速提高的同时，由第三方支付公司推出的生活理财 app 也悄然兴起。目前中国生活理财移动 app 行业正在萌芽期的后期，进入者增多、用户规模增长速度快是明显特征。

目前由于政策监管宽松和行业壁垒较低，生活理财移动 app 行业吸引了大量的进入者。截至 2014 年 6 月底，中国生活理财移动 app 的月度覆盖人数到达了 6 818.2 万人，同比增长 124.3%，远高于整体移动 app 同期 64.9% 的增长。与此同时，中国生活理财移动 app 月度总使用次数同样呈现飞跃式的增长。从 2013 年 6 月的 7 亿次，增长到 2014 年 6 月的 15.5 亿次，增长率为 121.4%。

广州 app 开发公司云纳信息认为，中国生活理财移动 app 拥有高速的增长，首先是因为中国生活理财移动 app 的队伍逐渐壮大；其次，成熟领先的中国生活理财移动 app 在过去的一年中不断完善和增强服务功能，使得用户数量呈现了较大幅度的增长。

不过，2013 年 6 月到 2014 年 6 月，中国生活理财移动 app 月度人均使用

---

① www.gzyunna.com。

次数在 21.7 次和 26.8 次之间波动，并没有像其他维度一样出现增长趋势。"用户使用频率成了中国生活理财移动 app 行业的一个瓶颈。造成瓶颈的主要原因是记账功能对于用户来说还是不够智能，用户对于该功能持续性不强。"报告发布者艾瑞咨询表示，而能否提高记账功能的自动化也成为生活理财移动 app 行业发展的关键一步。

网民对于移动 app 生活理财功能需求亟待被挖掘，并有望持续增强。报告显示，生活理财移动 app 用户的收入水平高于整体移动 app 用户的水平，月收入在 5 000 元以上的用户，占比为 38.3%，他们将产生更多互联网理财产品购买的需求。云纳信息发现，有 21.9% 的网民用户认为理财产品购买是使用生活理财移动 app 最重要的功能。其中，2014 年中国网民购买理财产品的生活理财移动 app 的渗透率最高的为百度理财，渗透率达到 46.4%。另外，铜板街和盈盈理财渗透率也达到了 27.9% 和 25.8%。

目前，中国生活理财移动 app 行业早已吸引了资本的青睐与驻足。与此同时，用户面对新兴的移动 app 类别，既有新鲜感也有陌生感。这对于生活理财移动 app 行业来讲既是优势也是挑战，一方面对于用户培养有一定的难度，另一方面对于处于该行业的新进企业来讲也有一定的发展空间。伴随整个行业的发展，生活理财移动 app 向金融业务核心发展的趋势将愈加明显。

5.2.3 兼并与重组：抢夺优势资源

企业的发展除了依靠自身积累，还可以通过兼并与重组实现资源整合，从而提升企业实力，抢夺更为广阔的市场空间。**兼并（merger）**是指通过产权的有偿转让，把其他企业并入本企业或企业集团中，使被兼并的企业失去法人资格或改变法人实体的经济行为。通常是指一家企业以现金、证券或其他形式购买取得其他企业的产权，使其他企业丧失法人资格或改变法人实体，并取得对这些企业决策控制权的经济行为。**重组（recombination）**是指企业制定和控制的，将显著改变企业组织形式、经营范围或经营方式的计划实施行为。属于重组的事项主要包括：（1）出售或终止企业的部分经营业务；

（2）对企业的组织结构进行较大调整；（3）关闭企业的部分营业场所，或将营业活动由一个国家或地区迁移到其他国家或地区。

☐ 经典案例：谷歌公司兼并安卓系统[①]

谷歌靠搜索引擎起家，起初实际上是一家"另类"的互联网广告公司，通过提供搜索引擎服务，获取巨额广告费。然而，谷歌的成长和野心并非仅限于此。为了发展成为一个广泛意义上的互联网平台，谷歌开发了浏览器、谷歌地图、谷歌工具栏等产品，逐渐构建起完整的互联网产业链，成为互联网领域乃至整个科技行业内的霸主，甚至使得一些传统巨头如微软、雅虎等都倍感压力，更有甚者用"谷歌帝国主义"来形容谷歌在全球互联网的扩张和霸主地位。但是，谷歌扩展的步伐并没停止，接下来瞄准了移动互联网市场，其中最大的动作便是收购安卓公司，主攻手机操作系统。

安卓公司成立于2003年，主营业务为手机软件和操作系统。谷歌在2005年收购"Android.Inc"后，继续进行对安卓系统开发运营。根据2011年年初数据显示，仅正式上市两年的操作系统安卓已经超越称霸十年的塞班系统，使之跃居全球最受欢迎的智能手机平台。如今的安卓系统不但应用于智能手机，也在平板电脑市场急速扩张。采用安卓系统主要厂商包括摩托罗拉，SE等，另外还有中国厂商如华为、中兴、联想等。

安卓开源的特性，引来了无数软件开发商和爱好者在其平台开发各种应用软件。上一节我们讲述了苹果产品的成功，关键在于其完美的工业设计、友好的用户界面和超强的品牌价值，而安卓的成功恰恰在于开源。由于这一特性，安卓上的应用软件也成功地超越了苹果，多数的互联网资深人士也认为安卓系统将比封闭的苹果系统更具竞争力，至于MS Mobile以及塞班已经逐渐落伍于时代潮流。

更为重要的是，安卓系统的成功带动了谷歌其他事业的迅速发展，谷歌和几十个手机相关企业建立了开放手机联盟（Open Handset Alliance）。联盟成

[①] 综合整理自互联网。

员包括摩托罗拉、HTC、三星、LG、Intel、NVIDIA、SiRF、Skype、KUPA Map、MTK 以及中国电信在内的 34 家技术和无线应用的领军企业。这 34 家企业中并不包含把持塞班的 Nokia 公司，以及凭借着 iPhone 风光正在的 Apple 公司，微软没有加入，加拿大 RIM 和它的黑莓也被挡在门外。谷歌通过这个平台联合了大部分手机相关厂商，而其主要竞争对手诺基亚、苹果以及微软却被拒之门外。由此说明，谷歌正是利用相对开发和对主要竞争对手限制来达到争取更大竞争优势。

除此以外，谷歌还通过安卓系统内嵌其众多产品。由于安卓系统的手机用户已经跃居第一，从而为谷歌全产品系带来了众多的客户源，实现了谷歌向移动互联网整体进军的战略。试想一下，如果谷歌不是通过兼并安卓，而是通过自身开发，那么在瞬息万变的电子行业，慢一步就有可能全面落后。兼并收购有利于公司迅速的进军相邻领域，抢夺优势资源，从而迅速抢占市场份额。特别是当这种兼并收购能够最终反哺公司主业，那么这样的兼并意义将会更大。除了进军新的领域，公司也可以通过兼并来迅速抢夺优势资源和市场份额：例如，新东方发展历程中，每进入一个城市就会收购当地的教育培训机构，从而达到迅速占领市场的目的；高盛、UBS 等外资投行进入国内也设立高盛高华、瑞银证券等合资证券公司……

□ 经典案例：美的和小天鹅的重组[①]

跟兼并一样，重组同样具有帮助公司迅速发展，抢夺优势资源的功效。

目前，国内以空调、洗衣机、冰箱为主要产品的家电行业，已经形成了创维、海信、TCL 等六大企业主导市场的局面。小天鹅是国内知名的洗衣机品牌，但是进入 2000 年后发展速度放缓。2008 年，美的和小天鹅实现重组，从而唤醒了小天鹅的新生。此后，小天鹅又收购了荣事达，从而使得美的集团同时拥有"小天鹅""荣事达"及"美的"三个知名的洗衣机品牌，形成"高中低"端产品齐全的业务线。美的集团自身拥有的"美的"洗衣机属于中端

---

① 综合整理自互联网。

产品，小天鹅属于高端产品，而荣事达则主攻三四线城市和农村市场的低端产品。

在美的计划中，小天鹅也将实现了高增长。美的对小天鹅的改造，目前来看，已取得了初步成功，而在整个整合过程中，美的是把小天鹅放到自己的这盘大棋中做考虑的，这决定着，它知道最终应将小天鹅塑造成什么样的形象，这其实也是整合的起点。美的在收购之前，就已经对小天鹅做了清晰的集团战略定位——美的洗衣机平台。所以，一切与洗衣机无关的子公司全部清除，就像雕塑师在雕塑过程中果断地削掉多余的泥坯。进入小天鹅之后，美的相继出售了小天鹅陶瓷等多家子公司，同时对江波模具公司、东芝合资公司、（印尼）帕莱玛公司进行了清算。而且，从一开始，美的便着手整合小天鹅与美的电器存在的同业竞争问题，计划将荣事达的洗衣机装入小天鹅。目前，以小天鹅为核心的美的洗衣机业务，对其竞争目标——海尔形成了包围之势，海尔目前仍以30%的零售市场份额高居中国洗衣机榜首，美的三大品牌相加的零售市场份额也仅为18%左右。但值得庆幸的是，中国洗衣机行业前10名中，除了海尔、小天鹅、荣事达，其余全部是外资品牌，且每个品牌的零售份额仅几个百分点，品牌集中度很低。这与中国空调业美的、格力独揽70%左右的市场份额相比，洗衣机的市场空间极其庞大。

由于不同产品存在定位区别，难以在同品牌下运作。美的集团如果不是通过重组，而是自创各自子品牌，那将是极为艰巨的任务。只有通过重组优势资源，才能利用原有品牌的销售渠道和品牌优势，迅速地形成"高中低"端产品齐全的业务线。

□ 经典案例：联想收购惠普[①]

联想是一家有野心的中国企业，有着大胆的战略，并迈出了大胆的步伐。2005年，联想收购IBM个人电脑业务，当时的交易遭到了美国国会的反对。

---

① 综合整理自互联网。

通过此收购，联想成功挑战惠普，希望成为最大的 PC 商。现在，联想希望成为中国的苹果。根据《中国日报》周报道，联想准备挑战苹果。作为一家中国企业，联想有三个优势：强大的品牌、研发基础、分销网。但在创新与营销上仍难匹敌苹果。实际上，联想的中国研发、市场营销是公司的劣势。正如之前讨论的，中国的经济不利于熊彼特式的企业家精神，而这种精神能带来高科技的破坏式创新。在中国，类似 iPhone、iPad 式的大变革产品，其发现与挖掘与中国的文化不匹配。还有另外一个问题，中国并不是缺少追求创新的能力，也不是不知道创新。中国的问题要追溯到体制，它无法跟上新技术、全球市场的需求。正因为如此，联想需要在全球最大的消费市场有更多露面的机会。收购惠普，或者收购它的一部分，可以快速、低成本达到目标。惠普的市值为 280 亿美元，还有 290 亿美元的债务，在今天到处是钱的世界，达成交易不难。收购惠普十分契合联想的业务，收购可以提高效率，有协同性，让联想成为高科技多领域的重量级玩家；还可以给联想扭转 Palm 部门的机会；甚至可以开发自己的智能手机，与苹果竞争。

□ 经典案例：蒙牛收购雅士利[①]

2013 年 6 月 18 日，中国蒙牛乳业有限公司与雅士利国际控股有限公司联合宣布，蒙牛将发出全面收购要约收购雅士利全部发行股票，获得了控股股东张氏国际投资有限公司和第二大股东凯雷亚洲基金全资子公司 CA Dairy Holdings 接受要约的不可撤销承诺，两者承诺出售合计约 75.3%的股权。目标公司全部已发行股本估值约为 124.57 亿港元。

蒙牛本次收购主要目的在于补齐蒙牛在儿童奶粉业务方面的"短板"。目前，奶粉业务仅占蒙牛收入的 1.6%。而相比之下，另一乳业巨头伊利的奶粉市场占有率已经达到 10%左右。在此背景下，蒙牛收购市场占有率近 7%的雅士利，可以减小与竞争对手的差距。这是迄今为止，中国乳业最大规模的一

---

① 综合整理自互联网。

次并购，也是蒙牛乳业在奶粉领域发力的重要信号。两大乳业巨头联手后，将通过资源整合与互补，利用双方在产品、品牌、渠道等方面的优势，加快高端奶粉行业整体升级的速度。中国蒙牛乳业有限公司及其子公司于中国生产及销售优质乳制品。

因此，兼并与重组都能够帮助具有实力的公司迅速抢夺优势资源，占有并扩大市场份额。特别是当企业试图进军新行业或者进军新地域时，兼并和重组是实现公司战略意图的有效手段。

第 6 章
合并抉择：供给与防守

本章主要讲述合并抉择相关知识。6.1 节关注公司合并的目标、风险与构建，并讲解横向并购、纵向并购和混合并购三种并购形式。6.2 节针对恶意并购，讲解被并购方可采用的毒丸计划、白衣骑士、绿色邮件和暗度陈仓四种反并购策略。

▌6.1 目标与构建

▌6.1.1 合并的基本要素

☐ 何为合并

所谓公司合并（business combination）是指两个或两个以上的公司依照公司法规定的条件和程序，通过订立合并协议，共同组成一个公司的法律行为。我国《公司法》（2006）第一百七十四条规定："公司合并，应当由合并各方签订合并协议，并编制资产负债表及财产清单。公司应当自作出合并决议之日起十日内通知债权人，并于三十日内在报纸上公告。债权人自接到通知书之日起三十日内，未接到通知书的自公告之日起四十五日内，可以要求公司清偿债务或者提供相应的担保。"第一百七十五条规定："公司合并时，合并各方的债权、债务，应当由合并后存续的公司或者新设的公司承继。"第一百七十七条规定："公司分立前的债务由分立后的公司承担连带责任。"

公司合并的结果通常是一家公司取得了对一家或多家公司业务的控制权。构成公司合并至少包括两层含义：取得对另一家或多家公司（或业务）的控制权；所合并的企业必须构成业务。业务是指公司内部某些生产经营活动或资产负债的组合，该组合具有投入、加工处理过程和产出能力，能够独立计算其成本费用或所产生的收入。如果一家公司取得了对另一家或多家公司的控制权，而被购买方（或被合并方）并不构成业务，则该交易或事项不形成公司合并。从公司合并的定义看，是否形成公司合并，关键要看有关交易或事项发生前后，是否引起报告主体的变化。

在市场经济中，"优胜劣汰，适者生存"是企业生存的一般规律。如今中国的企业经历了30年的原始积累时期，规模逐步扩大，制度逐渐成熟，市场和法律制度不断完善。合并作为成熟市场一种有效的资源配置模式，在宏观经济中，能够调整产业结构，优化社会资源配置。对于参与市场的个体，合并能促使公司自身结构优化、技术创新、核心竞争力的形成。为了在激烈的竞争中获得强有力的竞争，打败竞争对手，扩大市场占有率，合并已经成为国内公司在短时期内实现资本资产集中积累的普遍途径。根据普华永道会计师事务所于2007年12月18日发布的《企业并购岁末回顾与前瞻》报告统计，2007年中国并购市场呈强劲增长态势，其中内资本土战略并购贡献最大，交易金额和数量占比均超过50%。相关数据显示，截至2007年11月底，中国（不包括台湾地区）已宣布境内并购交易（不包括中国企业在海外市场的并购交易）达1 700余宗，较2006年全年增长18%；交易金额总值约801亿美元，比2006年全年增长25%。其中，内资战略并购（即非财务投资并购）987宗，占交易总数的58%，交易金额为506亿美元，占交易总额的63.3%，随着时间流逝，这一趋势将会不断扩大。

从商业博弈的角度来看，一个公司博弈策略的选择、制定以及实施，其最终目的是在市场中提高竞争优势，扩大市场占有率，打败竞争对手。从定义可知，商业博弈中最直接的博弈双方分别为本公司和竞争对手。从合并策略的制定来看，合并是为了短时间内通过合并其他企业，利用被合并公司的资源和优势，达到提高公司竞争力的目的。合并的对象可以是竞争对手，也可以是其他类型的公司。由此合并是一个公司的商业博弈策略。就当下中国国情来看，大多数公司经过几十年的初步发展，实力不断增强，其管理层迫切希望打破现有业务限制，扩大公司规模。因此，本节将从实际出发，结合商业博弈的思维方式来阐述公司的合并。

☐ 合并的目标

在当代社会，公司合并几乎每天都在发生。从根本上来说，公司合并的目标不外乎是使自身利益最大化。从商业博弈的战略上来说，公司合并的目标多种多样，其动因可归纳为以下方面：

第一，加快公司进入新市场的进程。众所周知，进入新市场是一项非常复杂和困难的工作，它要求有效地配置各种资源，如劳动力、管理人员、设备等，对需要复杂技术和大型设备的行业尤其如此。因此，如果一家公司想快速进入市场，与现有公司合并也许是一个明智的选择。例如，2005年宝洁公司将另一家老牌日用品生产商吉列公司收入囊中，同时也将男性消费者纳入其目标客户群体中。

第二，不至于引起生产能力的大量过剩。如果公司通过投资进入新的业务领域，那么势必导致行业生产能力的增加。如果所开发的新产品具有显著的规模经济效应，而新进入者希望有规模，那么行业的生产能力将很快扩张，结果势必导致市场价格的下降，除非市场需求也以很快的速度上升。也就是说，通过合并或收购进入新的市场可以避免市场价格的大幅下降。我国很多行业的生产能力大量过剩，价格下跌的原因固然很多，但各地区、各部门及不同公司多采取新投资建厂方式进入市场显然是最重要的原因。这种情况在汽车、家电、纺织、大型零售业都曾不同程度地发生过。

第三，提高公司在市场中的竞争地位以及针对顾客和供应商的讨价还价能力。例如，如果两个合并伙伴是行业中两个较大的公司，并且这一行业中的公司数量有限，那么合并后的公司就可以控制和提高市场价格。这种合并要受到反托拉斯法或反不正当竞争法的制约。

第四，节约成本，包括公司扩大生产经营规模的成本、交易成本、信息成本等。例如，公司出于经营活动的需要，可能需要建立一个新的部门、生产线或销售渠道。如果公司自行新建，成本往往较高，而合并现有的公司可以节约成本，尤其是在通货膨胀的环境下，获益更为显著。

第五，减少时间拖延，降低投资风险。公司研制生产新产品，开辟新市场，通常要经历较长时间，届时可能时过境迁，风险较大。而兼并现有的公司，由于其产品早已为消费者所熟悉，甚至已誉满天下，便可立即得利。如果是不同行业的联合，还可以丰补歉，降低风险。

第六，避免被其他公司兼并。在激烈竞争的市场环境下，为了防止被他人兼并，有些公司采取先下手为强的做法，扩大资本，或者举债收买其他公司。由于资本庞大或负债比率过高，这种公司通常不易成为被兼并的对象。

第七，取得无形资产并获取税务方面的好处。公司合并可以获得一般渠道难以取得的无形资产和技术上的竞争优势，如取得采矿权、管理经验、专利权等。有些公司的联合还出于减税负方面的考虑。在有些国家，公司合并后，集团内成员公司的亏损可以相互抵消合并纳税。

第八，减轻竞争压力。通过合并特别是横向合并，可以减少竞争对手，同时增强自身实力，从而有效地减轻竞争压力，使得公司稳定发展。这正是目前国际上强强联合的关键动因。

第九，迅速增强管理权威。管理者通过合并，可以满足其迅速扩大控制范围的偏好。

公司之间的合并，通过取得控制权最容易进行。如采用吸收合并或创立合并方式，则必须取得被兼并公司股东的同意，往往颇费周折，困难重重。例如，与被兼并公司中抵制兼并的少数股东的协调，对被兼并公司的人事安排。而通过购买、换股、新设取得控股权等实现的合并，不仅可以避免这些问题，往往还有以下方面的优势：

第一，更加节省时间和成本。因为即使合并方完全以资金获取控制权，也不过只需获得50%以上的有表决权股份即可行使控制权，较之以高价购买另一家公司的资产，成本低廉。而且在被收买公司股权分散的情况下，合并方取得少于50%的股权，即可获取实质上的控制。而吸收合并或创立合并均需要履行一定的法律手续，耗资耗时，不如取得控制权经济方便。

第二，对于风险较高的行业，控制合并是实现母公司目标的最佳经营方式。公司经营的目标就是能够在偿还到期债务的条件下，获得最大收益。母公司取得子公司的控制权，但无须承担子公司的经营风险，若子公司经营不善，或遭遇不可控风险而倒闭，债权人只可向倒闭的子公司索债，而没有向母公司索偿的权利，因此不会危及母公司的生存。

第三，有利于保持母公司的良好形象。由子公司负责承办新开发的业绩仍较差的业务，以及业绩不稳定的业务，可以维护母公司的良好形象。

第四，顺应有关法律的要求。有些公司取得子公司是为了利用法律上的优惠租赁，或回避法律限制和障碍。

□ 合并的风险

孙子曰："兵者，国之大事，死生之地，存亡之道，不可不察也。"对于企业来说，市场就是战场，其残酷程度不亚于真实的战场。企业每走一步都需要小心谨慎，充分考虑到各方面的风险。而合并是企业的大事，如果不考虑合并过程中的风险，合并策略实施之后，企业的管理层、财务报表、股东、负债结构等都会面临不同程度的改变，这就加大了企业的风险。例如，一家公司合并另一家公司，在一个时点上没有足够的现金，决定通过发债来筹措现金，债务的增加会加大公司的破产风险。

企业在合并战略实施之前首先需要充分考虑的就是公司的风险，一般包括以下方面：

第一，公司财务风险，具体体现在公司的现金流方面。一家公司合并另一家公司后，由于各方面的原因（新老员工的磨合、公司内部整顿、资产处理等），新合并的公司不能马上带来持续的现金流。一般来说，合并公司的前一段时间内，公司不盈利甚至是亏钱的，因此公司合并之前首先需要考虑的就是公司是否有足够的现金流来保证持续运营。

第二，管理风险。当两家公司合并成为一家公司时，行政实体的变化必然会导致管理层和股东的变动。行政人员没有得到妥善安置或者使用不当，就会使公司内部沟通困难，管理混乱，增加公司的运营成本，甚至造成公司分裂。

第三，运营风险。当一家公司合并另一家公司，被合并的公司就成了合并公司的财产，被记录到资产负债表中。被合并公司的风险，也就成了合并公司的风险。一般来说被合并的公司都不是经营状况良好的公司——如果公司运营状况良好，该公司的管理层和股东就不会同意合并。新加入的公司会导致公司的运营风险增大。

第四，竞争风险。实行合并策略会使公司把精力集中于公司内部的整顿，忽视对外部竞争者的防备，给外部竞争者带来发展的机会，从而降低了公司的竞争力。例如，国美电器的合并策略给苏宁电器制造了机会，最终苏宁电器成长为能和国美抗衡的电器销售企业。

6.1.2 并购的种类

公司并购包括**兼并**（merger）和**收购**（acquisition），是公司投资的重要方式。兼并又称吸收合并，通常是指两家或两家以上独立公司合并组成一家公司，一般表现为一家占优势的公司吸收其他公司的活动。收购是指一家公司用现金或者其他资产购买另一家公司的股票或者资产，以获得对该公司的全部资产或者某项资产的所有权，以便获得对该公司的控制权行为。

根据并购的不同功能及并购所涉及的产业组织特征，可以将并购划分为横向、纵向并购、混合并购三种基本类型。

□ 横向并购

横向并购（horizontal M&A）是指两个（或两个以上）生产和销售相同或相似产品的公司之间的并购。纵观世界并购发展史，产生于 19 世纪末 20 世纪初的第一次并购浪潮就是以横向并购为主。西方学者大多认为对规模经济效应的追求是公司横向并购的重要原因，这也是我国目前较为流行的观点。

规模经济（economies of scale），是指当生产或经销单一产品的单一经营单位所增加的规模减少了生产或经销的单位成本时导致的经济。

公司并购出现规模报酬递增的原因可以归结为以下三点：

第一，横向并购具有学习效应。一家公司的生产技术和管理水平是决定产品成本的重要因素。一家公司在长期的生产经营过程中逐步积累了技术和管理的经验。公司并购之后，优势公司的技术和管理的优势向劣势公司传递，或者并购双方得以相互学习，从而提高整体的管理水平和技术水平。

第二，横向并购具有专业化分工效应。由于公司规模的扩大，使用的生产设备和劳动力也随之增加，这使得公司可以进行更多的专业分工，从而提高生产效率，降低成本。

第三，横向并购有利于生产要素的使用。在生产过程中，有些生产要素在达到一定的生产规模时才能更为有效地使用。比如某些资本设备，在生产规模较小时效率十分低下，而当生产规模达到一定程度时则会有很高的产出效率。规模经济理论是微观经济学的一个重要命题，也是横向并购的一个主要理由。在公司理论中，公司被视为管理与资本的结合体，横向并购就是试图使这种结合能最大限度地发挥潜在效能。但并非所有的公司都适合通过横向并购来获得效益，如果盲目追求规模经济，超过适度规模的限度，就有可能出现规模不经济现象。出现规模经济不变和规模不经济的原因是，从公司内部看，有效管理是有边界的，公司扩张到一定程度后，管理的复杂性和创新动力的减少使得管理成本迅速增加；从公司外部看，则受市场需求的限制。另外，竞争是一种动态现象。这些都会影响到产品的销售数量和价格，成为制约公司规模进一步扩大的外界因素。

因此，公司横向并购是一把双刃剑：一方面，它可以迅速扩大公司规模，带来规模经济、范围经济等产业优势；另一方面，当横向并购带来的公司规模的扩大超出了有效的边界时，又会出现成本过高、效率低下的状况。

□ 纵向并购

纵向并购（vertical M&A）是指在生产、经营环节相互衔接、紧密联系的公司间，或具有纵向协作关系的公司间的并购。纵向并购又可以分为前向并购和后向并购。前向并购是指对其产品的下游加工流程方向的并购；后向并购是指对其产品的上游加工流程方向的并购。

20世纪20年代的第二次并购浪潮以纵向并购为主。对于纵向并购可以从以下方面进行解释：

就公司层面而言，公司进行纵向并购的一个重要理论是交易费用理论。Coase（1937）提出了交易费用理论，认为企业得以产生的根源在于市场价格机制的运行存在交易费用——即"获得准确的市场信息所需要付出的费用，以及谈判和经常性契约的费用"。为了节省这些交易成本，代替市场的新交易形式应运而生，这就是企业。企业取代市场可以实现交易费用的降低。但是，企业会在"内部化"市场交易的同时产生额外的协调管理费用。因此，企业并不是无限制扩张，其规模边界应在边际管理费用等于边际市场交易费用的那一点上。当企业发现对其上游的要素供给和下游的产品销售进行控制所节省的交易费用大于并购带来的管理费用时，就会发生纵向并购（市场内部化）。

之后，Williamson（1971）进一步丰富和发展了科斯的理论，深入研究了"纵向一体化"问题。他认为，当市场交易的潜在费用达到一定的集中度时，市场交易的潜在费用就会阻止企业继续依赖市场，这时纵向并购就会产生。纵向并购理论发展详见图6-1。①

图6-1 纵向并购理论发展

在交易费用理论出现以前，纵向并购理论主要有两类。一类是"技术决定论"，即认为某些生产经营环节在技术上相互具有依赖关系，属于同一公司的经营范围，因而将具有技术关联的生产阶段组织起来，将有利于公司的发展。另一类是"市场缺乏论"，着重于市场中存在的偏离完全竞争模式的现象，

---

① 综合整理自互联网。

如垄断和寡头等。公司进行纵向合并能克服类似缺陷，提高经济效益。

而交易费用理论的出现解决了公司纵向并购中的"资产特定性"问题，即某一资产对市场的依赖。资产有三种特性，即资产本身的特定性（如原材料的特殊用途）、资产选址的特定性（为节省运输费用，工厂设在原材料地附近），以及人力资源的特定性（对公司经营有着丰富经验的雇员）。资产特定性越高，市场交易的潜在费用就越高，从而更容易导致公司进行纵向并购。当资产特定性达到一定程度时，市场交易的潜在费用就会阻止公司继续依赖市场，从而使纵向并购发生。一个行业的资产特定性越高，纵向并购现象就普遍。

乔治·约瑟夫·斯蒂格勒（George Joseph Stigler）运用亚当·斯密的"劳动分工受市场规模限制"的原理提出了生命周期理论，认为一个产业的并购程度随产业的规模的变化而变化，并与产业的生命周期一致，新兴产业或产业发生的前、后期容易发生并购。

纵向并购可通过市场交易行为内部化，有助于减少市场风险，节省交易费用，同时易于设置进入壁垒。但不能忽视的是，纵向并购在带来收益的同时还存在潜在的风险：

第一，信息获取和传递风险。纵向并购增加了公司组织的内部层次，从而增加了公司内部的信息获取和传递的风险。在规模大、管理层次多的纵向并购一体化组织下，自下而上的信息传递和自上而下的决策传输常常出现信息失真、决策迟缓等问题，加之其中一些机会主义者故意扭曲信息以优化其自身利益，也在一定程度上加大了纵向并购的风险。

第二，经营风险。纵向并购的目的在于使原来的交易双方合并成一家公司，使原来的外部成本内部化，从而减少交易费用。但纵向并购会带来内部激励与约束成本上升，而且由于未来经营环境的多变性，如整个行业的变化、市场的变化等，都有可能使得公司并购后的经营无法实现既定的目标，产生经营风险。

□ 混合并购

混合并购（conglomerate M&A）是指一家公司兼并本行业以外的其他公

司的行为，其中目标公司与兼并公司既不属于同一行业，又没有纵向关系。通过混合并购，公司可以提供多种产品与服务，从而实现多元化经营战略。

混合并购的主要作用体现在：

第一，降低风险：通过多元化经营，达到风险的分散。随着世界经济的一体化，公司的经营风险也越来越大，尤其是生产单一产品、处于单一部门或行业的公司。因此企业实行混合并购的主要目的是分散风险。正如"不要把所有的鸡蛋放在同一个篮子里"，混合并购把经营领域拓展到与原经营领域相关性较小的行业，在另一家公司里经营若干没有直接投入产出关系和技术经济联系的各自独立的产品。公司把投资分散于不同的行业、产品，实行多角化经营，这样，当某些行业因环境变化而导致投资失败时，还可能从其他方面的投资得到补偿，从而使整个企业的收益率得到补偿。

第二，组合经济效应：使得资源得以充分利用与共享。混合并购追求的一个重要目标就是生产经营和组织管理上的组合效应。从狭义上讲，组合效应是指不同性质的产品与要素之间的结合，具体表现在：

一是生产上的组合效应。混合并购能够使企业在保持整体产品结构的情况下，在一个企业中实现产品的单一化生产，而在一个集团内部达到社会化生产和专业化分工的要求。另外，如果企业现有的生产线上存在剩余的生产能力，采取混合并购实现多元化经营，可以提高资产和设备的利用率。

二是管理上的组合效应。混合并购可以减少管理环节，降低专业化协作中生产流程的协调成本、内部交换成本、运输上的管理成本等。

三是原料应用上的组合效应。混合并购后的两个企业，虽然两者之间没有直接的投入产出上的关系，但有可能两者所用的某些原材料是一样的。这样，混合并购后的两个企业内部交换的成本远低于市场交易的费用，也增进了资源利用的效率。

四是市场组合效应。混合并购使得并购双方相互利用已经形成的企业商标、商誉等无形资产，获取综合市场效益。

第三，减少外部不经济：将外部不经济内在化，从而提高社会及自身的经济效益。外部性分为正外部性和负外部性。如果某个经济行为主体的活动给旁观者带来的是福利损失（成本），则为"负外部性"。反之，如果给旁观者带来的是福利增加（收益），则为"正外部性"。当外部性存在时，市场均衡并没有使整个社会的总利益最大化，反而使市场资源配置受到损失，因此外部性是导致市场失灵的一个重要原因。然而私人市场往往可以通过依靠有关各方的私利来解决外部性问题。即通过把不同类型经营结合在一起（往往通过混合并购来实现）使得外部性内在化，使资源配置符合帕累托效率。

如前文所述，混合并购所带来的多元化经营可以分散风险，带来组合经济效应。但我们应该清醒地认识到多元化本身也可能增加风险。这主要从以下两方面体现出来：

第一，企业的资源是稀缺性的。由于经营每个产业都有进入该产业的最低资源需求量，如果一个通过混合并购实行多元化经营的企业没有足够的资源，那么混合并购后企业的发展就会处在资源不足的硬约束之下，从而降低了其在具体业务领域的资源实力。这尤其会影响需要相当资源保证的核心业务或主营业务领域的竞争实力，给企业带来风险。

第二，对分属不同产业的企业并购后所形成的多元化格局，常常因为企业间的资源低关联程度而导致管理成本剧增。此时，企业往往无法实现资源共享。资源占用效率的低下，会引起跨行业经营和管理的失效及管理成本的增加，进而引起并购后企业多元化经营的失败。此外，由于业务领域高度分散，不同领域的管理模式各不相同，这就对企业的管理者提出了更高的要求，同时使企业内部集权和分权的矛盾加剧。

6.2 反并购策略

6.2.1 反并购基础

并购方往往会在并购前对目标公司提出具有足够吸引力的筹码，以便顺利完成对目标公司的收购行为。但是在收购完成后，有的收购方便会逐渐露出收购的真正意图，不是最初承诺的对目标公司的救赎和提升，而是用尽一切办法对目标公司的资产"敲骨吸髓"。这样的实例数不胜数。

□ 经典案例：明伦集团的圈钱并购[①]

在此并购案中，目标公司为四川明星电力股份有限公司，其前身为四川省遂宁电力公司，于1997年6月27日以"明星电力"（600101）在上海证券交易所上市。公司主营业务为生产及供应水、电、气，经营稳定，现金流充沛。并购方为深圳市明伦集团有限公司，主营业务为光电科技产品的研制开发等。

2003年3月20日，明伦集团与四川遂宁兴业资产经营公司签订了四川明星电力股份有限公司国家股股份转让协议和法人股股权转让协议。股份转让手续完成后，明伦集团公司持有明星电力公司28.41%的股份，成为公司的第一大股东。在3月22日公告的《明星电力收购报告书摘要》中，明伦集团承诺在不改变明星电力公司主营业务的基础上，还将光电和信息产业加入该公司的主营业务，除此之外，明伦集团进一步承诺不会对明星电力公司的重大资产和负债进行处置。按照承诺规划的美好前景，此项并购案达到了双赢。明星电力可以在改革深化期依靠此次股权转让完成国有企业向私营企业的华丽转身，而明伦集团也可以利用此次收购跨入新的行业，实施多元化战略，分散投资风险。

然而事与愿违，事实证明明伦集团不过是一头披着羊皮的狼，并且在收购完成后很快就脱去了掩饰其本质的那层皮。在2004年的年报中，明星电力的专项审计表明，其控股股东明伦电力及其关联方占用了大量资金。接着在2005年，明伦集团通过暂借款、往来款、质押扣款等占用了明星电力大额资金，其中确定的金额为3.56亿元。除此之外，从2005年开始，明伦集团及其关联方利用明星集团上市公司的身份做担保向银行大肆借款，总贷款额达到

---

① 综合整理自互联网。

了 1.91 亿元。明伦集团对明星电力公司的一系列"敲骨吸髓"的行径使得明星电力公司的财务状况急剧下降，在 2005 年，明星电力公司出现了 3.20 亿元的亏损。

上述案例不得不引起我们的深思，一个合并前经营状况稳定、现金流充沛的企业在合并不足两年便出现了上亿元的亏损。可见这种纯粹圈钱式的并购会对被收购方造成巨大的损失，甚至关系到未来的生死存亡。为了维护公司持续性的战略，保证公司的长久发展，被收购公司也可以实施反收购策略。此外，一些投机者会利用收购，通过各种方式将被收购公司分离，再出售给其他投资者。在这个过程中，投资者获取高额回报，而其投机炒作行为可能给被收购公司带来非常恶劣的影响。因此，被收购公司会为了规避短期行为而采取反收购策略。

□ 反并购策略的分类

关于反并购的策略大致可以分为两大类：

（1）收购行为发生前的反收购防御措施。收购行为发生前的反收购防御措施是为了防止潜在的收购方对企业进行恶意并购的行径。所谓**恶意并购**（**hostile takeover**）通常是指并购方不顾目标公司的意愿而采取非协商购买的手段，强行并购目标公司，或者并购公司事先并不与目标公司进行协商，而突然直接向目标公司股东开出价格或收购要约。目标公司在收购行为发生前进行反收购策略，可以在一定程度上对潜在的收购方产生威慑作用，同时也可以尽量避免收购行为发生后对目标企业造成的损失。在收购行为发生前的常见的反收购策略为毒丸计划。

（2）收购行为发生后的反收购策略。收购行为发生后的反收购策略即针对当收购行为发生后企业所采取的反收购策略，简单地说类似于事后补救策略。常见的事后反收购策略包括白衣骑士、绿色邮件、暗度陈仓等。

6.2.2 毒丸计划

毒丸计划（**poison pill**）是美国著名的并购律师马丁·利普顿（Martin

Lipton）于 1982 年发明的，正式名称为"股权摊薄反收购措施"。其最初的形式即为目标公司向普通股股东发行优先股：一旦公司被收购，股东持有的优先股就可以转换为一定数额的收购方股票。随着资本市场的不断成熟，也不断有新鲜的内容填充入毒丸计划中，例如公司在发行债券时订立"毒款条约"。常见的毒丸计划有：

> **负债毒丸计划**：指目标公司在收购威胁下大量增加自身负债，降低企业被收购的吸引力。例如，依据某条款，在公司遭到并购接收时，债权人有权要求提前赎回债券、清偿惜贷或将债券转换成股票。从而使收购方在收购目标公司后立即面临巨额现金支出，降低其收购兴趣。

> **人员毒丸计划**：基本方法是公司的绝大部分高级管理人员共同签署协议，在公司被以不公平价格收购，并且这些人中有一人在收购后被降职或革职时，则全部管理人员将集体辞职。这一策略不仅保护了目标公司股东的利益，而且会使收购方慎重考虑收购后更换管理层对公司带来的巨大影响。企业的管理层阵容越强大、越精干，实施这一策略的效果将越明显。当管理层的价值对收购方无足轻重时，人员毒丸计划也就收效甚微了。

不论毒丸计划采取何种形式，在平常皆不发生效力。一旦公司遭受恶意并购接收，或某一方收购公司股票超过了预定比例（如 20%），那么毒丸计划将即刻生效。同样，也不论毒丸计划采取何种形式，其作用的本质就是当目标公司的股票遭受恶意收购时稀释收购者的持股比例，加大收购资金和收购成本。所以毒丸计划的实施往往使得潜在的收购方望而生畏，放弃对目标公司的收购计划。

由于毒丸计划是目标公司单方面的防御措施，不需要借助其他公司来摆脱被收购的境地，并且毒丸计划对敌意收购的反应是最快的，一旦收购方收购目标公司股份达到一定比例，毒丸计划即可启动。所以在所有反收购案例中，毒丸计划长期以来都被作为理想的工具。

□ **经典案例：新浪反收购的毒丸计划**①

许多互联网公司在遭遇股价暴跌时就会面临恶意收购，此时这些公司往往采用毒丸计划防范。

2005年2月19日，上海盛大网络发展有限公司向外界宣布和控股公司一起，在纳斯达克市场上斥资2.3亿多美元，购买了新浪19.5%的股份，成为新浪第一大股东。盛大进一步表明将会采取各种方式增持新浪股票，以获得或影响新浪的控制权。

针对盛大的恶意收购，新浪随即实施了毒丸计划，计划声明：对于3月7日记录在册的新浪股东，所持的每一股股票，都能获得一份购股权。如果盛大继续增持新浪股票致使比例超过20%或有某个股东持股超过10%时，这个购股权将被触发。这个购股权的行使额度是150美元，就是说每1份购股权能以半价购买价值150美元的新浪股票。一旦毒丸计划实行，将大大增加新浪的股本数，这样可将盛大的股权比例稀释，从而失去控股地位。我们可以将此次收购对新浪和盛大的影响用如图6-2所示的一个简单的博弈树展现出来。

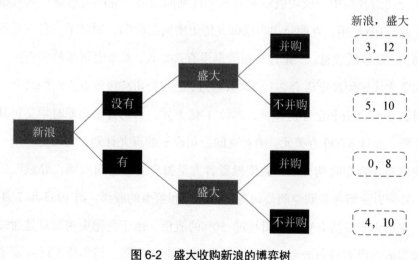

图6-2 盛大收购新浪的博弈树

---

① http://tech.qq.com/a/20051213/000184.htm。

采用逆序分析的方法，我们知道如果新浪事先没有采取毒丸计划，由于合并后的协同效应，盛大将获得超过收购成本的收购，所以盛大将采取继续收购新浪股权的并购行为。但是如果新浪事先采取了毒丸计划，由于继续收购股权的成本大幅上升，盛大将放弃继续收购的计划。而从新浪的角度考虑，由于其没有采取毒丸计划得到的收益低于采取毒丸计划的收益，所以其将事先便采取毒丸计划。从而，盛大与新浪的整个博弈过程的最终纳什均衡便是新浪采取毒丸计划，而盛大放弃收购新浪。

从实际结果看来，盛大公司于 2006 年 11 月宣布出售 370 万股份，持股比例将从 19.5%减为 11.4%，这意味着盛大放弃对新浪的控制权，新浪的毒丸计划产生了预期的效果。

□ 经典案例：戈德史密斯破解克朗公司毒丸计划[①]

有关毒丸计划的商业并购案例在历史上屡见不鲜。毒丸计划能够有效抵御恶意收购，成为目标公司反并购的强有力武器，但也存在毒丸计划被破解失效的例子。比如美国著名并购专家"金融鳄鱼"戈德史密斯，其在对美国克朗公司的收购中因成功破解对方毒丸计划而闻名。克朗公司是一家大型造纸企业，1984 年，克朗公司为抵御戈德史密斯的收购，制订了一套三重毒丸计划：一是压低股息；二是宣布新股东没有选举权，董事会每年最多更换 1/3，任何重大决定须经董事会 2/3 的票数通过；三是公司高级负责人离职时公司须支付其 3 年工资和全部退休金，总计 1 亿美元，公司骨干离职时须支付其半年工资，总计 3 000 万美元。面对克朗公司设下的毒丸计划，戈德史密斯一方面突然对外宣布收购计划，致使投资者大量抛售克朗公司股票，导致股价大跌；另一方面暗地收购克朗公司各位大股东和董事的股票。到 1985 年 7 月 15 日，戈德史密斯持有克朗公司超过 50%的股份。由于戈德史密斯只是通过购买股票而并没有进行合并，所以并没有触发毒丸计划，但实质上已控制了公

---

① http://www.jiaoyanshi.com/article-2685-1.html。

司。凭借控股地位，戈德史密斯成了克朗公司的新任董事长，并在 7 月 25 日召集的临时股东大会上宣布取消毒丸计划。

□ 毒丸计划的缺陷

毒丸计划因其本身的有效性和及时性，是许多公司最常用的反收购手段之一。但是它也有自身无法克服的缺陷，对公司而言是一把双刃剑。

采用毒丸计划，一方面，会给投资者造成公司处于层层防护中的印象，公司治理评估机构也往往会给那些有毒丸计划的公司较低的评级。一般情况下，投资者也不愿意看到董事会人为设立一道资本自由流通的障碍。另一方面，实施毒丸计划很可能激化管理者和股东之间的利益冲突。毒丸计划提高了收购成本，对股东而言是有利的，然而，管理层则可能利用毒丸计划来防御收购以确保其对公司的管理权。在这种情况之下，毒丸计划无疑强化了管理者的利益，很可能对公司的股价造成负面影响。

例如，2001 年 4 月北大青鸟试图收购搜狐，搜狐的 CEO 张朝阳意识到两家公司的治理理念存在巨大分歧，2001 年 7 月 29 日，搜狐抛出了毒丸计划：在 2001 年 7 月 23 日工作日结束时登记在册的搜狐普通股股东均享有优先购买权，购买面额为 0.001 美元的占搜狐公司所发行的特种优先股 1/1 000 的股票，执行价格为 100 美元。[①]这一优先购买权在有人或机构收购搜狐股票达 20% 时启动，有效期为 10 年。正因为如此，搜狐成功地阻击了北大青鸟的收购计划。但是在搜狐宣布启用毒丸计划后，公司股价下跌 11%，这表明投资者并不看好搜狐抗拒收购的前景。或许北大青鸟确实不是合格的收购者，但是搜狐的毒丸计划也阻挡了其他的收购者。搜狐的市场影响力远不如前，其股价表现也远远落后于新浪和网易。

综上，毒丸计划可以对潜在的收购者造成威慑，但是同时也可能导致被并购方自食其果。

---

① 王烁，官青：《搜狐与青鸟毒丸计划》，《财经》，2001 年第 15 期。

6.2.3 白衣骑士

当公司成为并购的目标企业后,管理层为了防止并购行径的进一步发生,并且没有能力融资买下自己所服务的公司,则可能寻找一个善意的收购者以更高的出价来提供收购,那么即使不能使袭击者知难而退,也可使他为并购付出高昂的代价。这样的善意收购者通常是与目标公司关系良好的企业,在美国称为"白衣骑士"。

从本质上说,**白衣骑士(white knight)**策略就是寻找能够提供更优惠收购条件的收购者与恶意收购者展开竞争收购来保障投资者的权益。目标公司常常愿意给予白衣骑士较其他现实或潜在的收购者更为优惠的条件,如股票锁定(即同意白衣骑士购买目标公司库存股或已经授权但尚未发行的股份,或给予上述购买的选择权)和财产锁定(即授予白衣骑士购买目标公司主要财产的选择权,或签订一份当敌意收购发生时即由后者将主要资产售予前者的合约)。

□ 经典案例:中钢收购澳中西部公司[①]

中钢集团收购澳大利亚中西部公司一案,是中国公司在澳大利亚最大的收购行为。这一收购意味着中国实现了从对海外独立矿产开发项目控股到对整个矿业公司收购的转型,成为中国国有企业第一宗成功的海外白衣骑士收购。其具体过程如下:2007年12月5日,面对默奇森公司对澳大利中西部公司的无条件要约收购,中钢集团决定出马扮演白衣骑士,其向中西部公司董事会正式递交收购意向函,此后通过二级市场大量买入中西部公司股份,成为第一大股东;2008年2月5日,默奇森公司的收购建议因未能成功延期而退出收购;2月20日,中西部公司宣布认为中钢5.6澳元/股的收购价格低估了其价值和前景;3月14日中钢集团发出全面收购要约;4月27日中钢集团宣布此收购已获得中国外管局、澳大利亚外国投资审查委员会(FIRB)批准;

---

① 综合整理自互联网。

4月29日中钢集团将收购价格提到6.38澳元/股,中西部公司董事会一致建议股东接受报价;5月24日,默奇森公司再次对中西部公司提出换股收购方案;7月7日默奇森公司的收购被中钢集团再次击退;截至7月18日,中钢集团已持有中西部公司54.81%的股份。

□ 经典案例:广发证券反恶意收购①

2004年9月2日,中信证券发布公告,声称将收购广发证券部分股权。9月6日,中信证券发布拟收购广发证券部分股权的说明,称收购不会导致广发证券重大调整,不会导致广发证券注册地、法人主体、经营方式及员工队伍的变更与调整。但是广发证券似乎并不领中信证券的这份情。2004年9月4日,广发证券实施员工持股计划的目标公司深圳吉富创业投资股份有限公司(以下简称"深圳吉富")成立。9月10日,深圳吉富以1.16元/股的价格率先收购云大科技持有的广发证券3.83%的股权。9月15日,深圳吉富按1.20元/股的价格受让梅雁股份所持有的广发证券8.4%的股权。面对广发证券的利用员工持股计划阻止中信的收购计划,9月16日,中信证券对广发证券再度发力,向广发证券全体股东发出要约收购书,以1.25元/股的价格收购广发股权,使出让股东的股权在评估值基础上溢价10%—14%,以达到收购51%股权的目的。

正在中信证券势对广发证券的控股权势在必得之时,拯救广发证券于危难之中的白衣骑士出现了。9月17日,原广发证券第三大股东吉林敖东受让风华高科所持有的2.16%的广发证券股权,增持广发证券股权至17.14%,成为其第二大股东。9月28日,吉林敖东再次公告受让珠江投资所持广发证券10%的股权,至此,吉林敖东共持有广发共计27.14%的股权。加上与广发证券互相持股的广发第一大股东辽宁大成持有广发证券27.3%的股权,吉林敖东、辽宁大成、深圳吉富共同持有广发证券66.67%的股权,对公司具有绝对的控股权。10月14日,因无法达到公开收购要约的条件,中信证券发出解除要约收购说明。

---

① 综合整理自互联网。

在广发证券反抗中信证券恶意收购的过程中，吉林敖东成功扮演了白衣骑士的角色，在广发的反并购中也起到了至关重要的作用。深圳吉富在收购云大科技与梅雁股份所持有的广发股权之后，很快就面临资金的短缺，所以广发证券不能再继续期望通过深圳吉富来吸纳股份。而作为白衣骑士的吉林敖东则接过了深圳吉富手中的接力棒，不断增持广发证券的股权，最终导致中信证券收购广发证券的美梦化为泡影。

□ 经典案例：万科宝能股权争夺战[①]

2015 年对于中国资本市场而言是难以忘却的一年。既经历了高歌猛进的杠杆牛市，又经历了暴风骤雨般的股市急跌，在冰与火的双重洗礼中，中国最大的房地产上市企业万科也领教到了资本的可怕力量。

在经历股市的黑色六月之后，2015 年 7 月，万科 A 股（股票代码 000002）的股价已经从此前最高的每股 18 元跌至 13 元左右，市值仅约 1700 亿元。为了稳定市场，万科当时推出了一项百亿回购计划：在价格不超过 13.70 元/股的条件下，将回购资金总额不超过 100 亿元的 A 股股份。

然而，未及万科动手，宝能系已经盯上了万科。在万科宣布回购计划后仅 5 天，前海人寿（宝能系）首次出击，在二级市场以 13.28—15.47 元的价格买入了万科 A 股约 5.528 亿股，占当时万科总股本的 5.00%，耗资约 80 亿元。

宝能系的此次进击并未引起万科管理层的足够重视，从宝能系此次增持股份的数量来看，似乎还不足以威胁到万科管理层对于万科的控制权，"万科是一家公众上市公司，股票公开上市交易，任何投资者都可以基于自身的判断自主决定股票购买行为"，万科官方当时这样评价宝能系的买入。

但是，事情显然并未朝着万科希望的方向发展：随后的 7 月 24 日，前海人寿及其一致行动人钜盛华二度举牌对万科，增持万科 A 股股份至 10%，成为万科第二大股东，8 月 26 日，宝能系第三次举牌，在万科持股比例达到

---

① http://www.winshang.com。

15.04%，首次超越万科单一最大股东华润集团，坐上了万科最大股东的宝座。

在万科管理层看来，一旦宝能系控股，大的投资公司、大的金融机构以及商业评级机构就会对万科的信用评级重新调整。"我们知道，最近几年国际机构给万科的评级是给全世界地产公司中最高的，这意味着我们的融资成本非常低，一旦宝能系进来，这个大股东的背景就可能影响万科的评级。"于是在宝能系坐上万科第一大股东宝座仅 5 天时间里，万科原第一大股东华润集团就做出了增持动作，分别于 8 月 31 日和 9 月 1 日两次增持万科，重新夺回万科的大股东之位。

与此同时，万科也宣布启动股份回购计划：以公司自有资金，通过集中竞价交易的方式，以不超过 13.20 元/股的价格在 100 亿元额度内回购公司 A 股股份，预计可回购股份不少于 7.57 亿股，不低于公司总股本的 6.86%。

事实却证明，在强大的资本力量面前，万科的回击手段显得脆弱而无力：12 月 4 日，宝能系第四次举牌万科，一举买入万科 5.49 亿股，持股比例增至 20.008%，再度取代华润成为万科第一大股东。随之而来的还有另一匹黑马——安邦保险：通过其旗下安邦人寿保险、安邦财产保险、和谐健康保险及安邦养老保险，安邦保险集团分别于 12 月 7 日、17 日、18 日增持万科 A 股，拿下了约占万科总股本 6.18%的股份，成为万科第三大股东。

在这样的局面之下要击退宝能系，已成为第三大股东的安邦保险就成了万科管理层急需倚重的力量。在万科的斡旋之下，安邦与万科在 12 月 23 日凌晨结成了"攻守同盟"：万科表态欢迎安邦成为公司重要股东，安邦亦表示积极支持万科发展，并希望万科管理层、经营风格保持稳定。

安邦为万科站台，意味着万科拿到了抵御宝能系的一个关键筹码——加上安邦的持股份额，万科管理层及其一致行动人的总持股比例已经可以达到 28%左右，比宝能系持股比例高出至少 4%，这为万科管理层筹划中的资产重组赢取了时间。

2016 年 3 月 14 日，万科资产重组的另一方终于浮出水面。根据万科披露，其已经与深圳地铁集团签署了一份不具有法律约束力的合作备忘录，备忘录主要有两项内容，一是地铁集团将出售，并且万科将购买地铁集团下属公司的全部或部分股权。目标公司在双方签署正式的交易文件时，地铁集团将注入部分优质地铁上盖物业项目的资产。二是初步预计交易对价为人民币 400 亿—600 亿元，具体交易对价还有待独立的第三方评估结果。

这份资产重组计划如果能够全部实施，万科与宝能之间的股权之争即可宣告落幕：取 400 亿—600 亿元的中间交易对价 500 亿元计算，深圳地铁入股万科后，万科的总股本将增加到 137 亿股左右，届时，深圳地铁的持股比例大约在 19.7%，而宝能系在万科的持股则将被稀释到 19.56%左右，其将难以跟万科管理层及其一致行动人再度抗衡。

当然，2016 年 6 月中旬以前，这个从组计划还不能说已经画上了句号，未知的变数也还有可能出现。但是，这个案例足以说明反并购博弈的应用。在此案例中，安邦集团和深圳地铁无疑都扮演了"白衣骑士"的角色，它们在这场并购博弈中起到了举足轻重的作用。

相对于副作用较强的毒丸计划，白衣骑士策略显得更为温和，带来的副作用更小。但是在实际应用中，目标公司可能难以找到或识别合适的白衣骑士，因为为了抗衡收购方的并购行径，往往要求白衣骑士具有较强的实力和较为充裕的资金链。并且在实际操作中，尤其是在上市公司，由于管理层大权在握，并没有真正从投资者利益的角度出发。如果公司治理结构不够健全，白衣骑士策略在很多时候往往会出现为了保护管理层的权益，基于管理层的个人利益和私人交情来寻找"最熟悉最友善"的收购者的扭曲结果。

6.2.4　绿色邮件

绿色邮件（greenmail）策略是指目标公司管理层安排的定向回购活动，以溢价的方式从收购方公司购回公司股份的策略。一般来说，回购价格不扩展到公司的其他股东。

不同于前面的毒丸计划、白衣骑士等反收购策略从威慑收购方的考虑出发以期使得收购方知难而退，绿色邮件策略是目标企业对收购方的一种示好的手段，通过以溢价的形式回购并购方手中的股票，给并购方足够的好处使得其放弃收购目标企业。同时目标企业也通过回购并购方手中的股票而减少了公司的流通股，增加了购买方收购到足够股权的难度。

历史上比较典型的绿色邮件案例发生在1979年6月，美国艾卡因公司以7.21美元/股的价格收购了萨克松工业公司9.9%的股权。1980年2月，萨克松工业公司又以10.50美元/股的价格重新购回了艾卡因公司持有的本公司股权。1979年年底，艾卡因公司以25美元/股的价格收购了翰默麦尔纸业公司10%的股权，后来，翰墨麦尔纸业公司又以36美元/股的价格买回艾卡因公司持有的本公司股权。艾卡因公司这一收购行为投资2 000万美元，股票被购回后得到了900万美元的利润。

但是由于绿色邮件策略对收购方支付的溢价损害了公司股东的利益，其本质是以牺牲股东利益为代价来换取管理层的稳定，一直以来备受争议，一般还受到各国监管当局的严格禁止，基本上属于公司私下里的行为。所以现在越来越少有公司使用绿色邮件策略，即便是采用，也只是私底下的行径。然而近年来，在美国等发达国家，绿色邮件策略出现了一些新的特征。①

20世纪80年代广受诟病的绿色邮件反并购策略似乎在2013年卷土重来。绿色邮件一般被定义为公司为了进行收购要挟，购买目标公司股票的行为，之后迫使目标公司溢价回购股票，从未取消收购要挟。如今，各类绿色邮件并不总是涉及收购威胁，反而更多地隐含会引起公司重大变化的代理人之争。

有好几宗投资者将股票售回目标公司，从而掘取巨额收益的例子。包括Icahn Associates对WebMD所占取的股份，以及Corvex Management对ADT所占取的股份。

在某些情况下，绿色邮件股票回购被视为活跃投资者想要引起公司重大变化而采取的合法手段。在另一些情况下，投资者并非为了某些公司治理目标，而是想通过这个过程快速获利。但无论采取何种方式，超额的回报都是以牺牲他人利益为代价的。这种行为有可能会削弱大型机构投资者的投资热情。

---

① http://corpgov.law.harvard.edu/2014/01/22/greenmail-makes-a-comeback。

绿色邮件行为在多大程度上能被容忍，主要取决于活跃投资者们是否考虑了所有股东的利益而不是一味追求短期获利。随着绿色邮件越来越广受诟病，公司也许会考虑这种回购交易是否可以通过荷兰式拍卖或者相似的回购机制，向其他股东开放。

6.2.5 暗度陈仓

"明修栈道，暗度陈仓"是《孙子兵法》的三十六计之一，指从正面迷惑敌人，而从侧翼进行突然袭击，比喻暗中进行活动。而古人的智慧至今都不过时，在企业的各种反并购策略中，我们依然可以看到孙子兵法在现代商战中的应用。

暗度陈仓和绿色邮件有一个共同点就是目标企业向并购方示好，但有着本质上的区别。暗度陈仓并不是如绿色邮件那样真心实意的示好，给并购方以足够的好处使其放弃并购行为，而仅仅是表面上的示好，向并购方伪装出愿意合作的诚意，以拖延时间暗中换取反击的机会，或者拖延时间暗中寻找出价更高的并购方以获取更多的利润。

□ 经典案例：大中电器反苏宁并购的暗度陈仓策略[①]

当并购和扩张将大中、苏宁、国美三家家电零售巨头联系到一起时，一场群雄鏖战的好戏也就拉开了序幕。

2006年12月，大中提出同包括苏宁在内的行业内优秀企业的合作意愿。从这时开始，市场上便开始流传苏宁并购大中的传言。那么为何是苏宁而不是同样是家电零售巨头的国美？原来在此之前不久，国美收购了上海永乐电器，需要一定的时间进行消化，短期内看似已无进一步扩张的打算。而收购大中对苏宁而言不仅能帮助其稳稳地占据北京市场，也有助于其与新国美的进一步抗衡。一切进展似乎预示着传言正逐渐变为现实，2007年4月7日，《经济观察报》报道大中与苏宁谈判进入了最后阶段，苏宁已接手了大中在山

---

① 综合整理自互联网。

西、重庆、广西南宁等地的店面。虽然苏宁总裁孙为明以及大中总经理孙红都对这则消息进行了否定，孙红更进一步表示撤走这些店面只是公司布局和人员调动的需要。但是市场仍从中嗅到了苏宁收购大中的气息，而大中让出山西、重庆、广西南宁的店铺则被看作大中向苏宁表达的诚意。2007年4月23日，大中董事长张大中飞往南京，第二天，苏宁启动新的明星代言人，邀请了大量的媒体前往南京。第三天，大中广宣总部公关经理陈瑜也对收购价30亿元做了询问。这一接连串的行动似乎显示着大中的诚意以及苏宁并购大中的决心，看似苏宁并购大中已成定局，差的只是并购细节的进一步谈妥。这时，外界纷纷猜测苏宁并购大中应该就是在"五一"黄金周之后。

然而，戏剧性的一幕出现了，2007年5月底苏宁和大中同时向外界否认签约收购的事。原来是由于大中对外宣布抓到了一名国美的商业间谍，并打算打一场新中国第一场商业间谍官司，然而最后却不了了之。但是苏宁似乎从这不同寻常的商业间谍案中嗅到了一丝危险的气息，似乎暗示着并购大中并非外界所想象的那么水到渠成。所以苏宁加大了对大中的收购步伐，6月，苏宁电器开始了对大中的财务进行审核。10月中旬，苏宁电器高层前往北京与大中董事长张大中再次会晤，表示争取能在年底完成并购。苏宁并购大中看似又进入了有条不紊的轨道，苏宁的工作人员开始进入大中在北京销售排名前20位的门店，在卖场、库房、财务等重点部位安装苏宁独有的POS机。然而，2007年12月12日，苏宁发布公告称"苏宁大中并购案"结束，原来国美"插足"了苏宁与大中的联姻，以高出苏宁电器收购价20%的"全现金"的收购方案，最终成功上演了反转剧，将大中电器揽入怀中。

也许大中最初确实有接受苏宁并购的意向，但是在不断的接触中，大中发现苏宁并不是一个合适的并购方。一方面，苏宁的出价偏低，其仅愿意用30亿元现金加股票的形式收购年营业额上百亿元的大中；另一方面，大中与苏宁的企业文化存在一定差距，苏宁的人员实行内部培训，不招"空降兵"。这样的企业文化意味着大中被苏宁收购后将很难再保有自身的品牌，且大中的原高层也很难继续在并购后的大中待下去，这与大中董事长希望保留大中品牌的想法大相径庭。当大中意识到苏宁并非适合大中的并购方时，大中采取了利用商业间谍谈判案来拖延与苏宁的并购谈判进度。但是表面上仍然向苏宁示好，表示了积极的合作意愿，其实暗中却在寻找更适合自己的买家。而国美经过收购完永乐电器后大半年的调整，获得了喘息的机会，向大中抛出了更为诱人的收购方案，最终成功上演了反转剧。

目标企业在反并购中能否成功上演暗度陈仓的好戏，不仅需要足够强的公关技能，让并购方相信你的诚意而放松警惕，而且需要凭借慧眼和运气，在有限的时间内寻找到更合适的买家。

□ 经典案例：比尔·阿克曼收购艾尔建制药公司暗度陈仓获利[①]

2014年，华尔街知名投资人比尔·阿克曼对著名制药公司艾尔建进行要约收购，这一案例可以视作对冲基金借由并购手段狙击公司的经典教材。虽然艾尔建最终被阿特维斯制药公司以高于100亿美元的价格收购，比尔·阿克曼对艾尔建的收购并没有成功，但其依然通过此种方式获得了多达20亿美元的收入。早些时候，由比尔·阿克曼创立的潘兴广场资本联合其持股的加拿大威朗制药公司对艾尔建发出460亿美元的收购要约，并不断加码，但均被艾尔建以恶意收购为名拒绝。艾尔建最终被阿特维斯收购，后者出价高出比尔·阿克曼出价超过100亿美元，同时仅将艾尔建研发支出削减4亿美元，远低于威朗提案削减的9亿美元，理所当然，此项交易得到艾尔建公司股东的欣然接受。对于比尔·阿克曼而言，其为了竞购艾尔建而广泛吸筹其股票，早在威朗公司4月提出收购报价方案前，比尔·阿克曼便已持有艾尔建公司近10%的股份。比尔阿克曼的核心目的在于，帮助威朗公司接近艾尔建，不断给出新报价，抬高市值，在艾尔建拒绝收购后，又给出新报价，直至艾尔建寻找到另一家收购公司，而此时由于比尔·阿克曼已投资了目标公司，所以即使收购失败，也依然获利不菲。事实证明，艾尔建的股价已从该基金稍早付出的126.54美元，大涨65%，报收209.2美元，相当于阿克曼半年多时

---

① 综合整理自互联网。

间赚进 23.8 亿美元。

6.2.6 反并购策略总结

反并购策略形形色色，远不止本书所介绍的几种。而反并购策略的应用也绝非是取其一种策略而用之——更为广泛的方式则是多种反并购策略的融合。例如在新浪对抗盛大的反收购案例中，新浪管理层采取的是三手准备：一边做出准备接受盛大董事长陈天桥入主的态势即"明修栈道，暗度陈仓"的策略，一边实施毒丸计划以抵制盛大，而最后一手被新浪管理层视为杀手锏，即随时准备撤销毒丸计划，引进雅虎或中国移动这样的白衣骑士制约盛大。广发证券对中信证券的反收购策略中，不仅出现了白衣骑士，也应用了员工持股计划。员工持股计划即员工持有本公司的股份，那么员工为自己的工作及前途考虑，不会轻易出让自己手中握有的本公司的股票，从而有效降低了目标公司被收购的风险。因此，目标企业应根据自身的情况、并购方的情况以及市场的状况，选择灵活的反并购策略，这样才能在反并购商战中胜券在握。

第 7 章
博弈与机制设计

机制设计理论是经济学的重要分支,其思想渊源可以追溯到20世纪30—40年代哈耶克与兰格关于社会主义计划经济可行性的大论战。60年代,里奥尼德·赫维茨最早提出了机制设计理论,并将其定义为:对于任意给定的一个目标,在自由选择、自愿交换的分散化决策条件下,能否并且怎样设计一个合理机制(制度或规则),使得经济活动参与者的个人利益和设计者既定的目标一致。赫维茨强调机制具有机械性、标准性和程序性,他的意图是使社会各学科都精确化,如一项经济政策的实施可以像发射火箭一样被精确地预期和准确地击中目标。继赫维茨之后,美国经济学家马斯金和迈尔森对机制设计理论进行了深化与发展,他们理论研究的核心是如何在信息分散和信息不对称的条件下设计激励相容的机制来实现资源的有效配置,因此其关于机制设计理论的定义也主要是围绕这一核心进行论述的。

机制设计理论可以看作博弈论和社会选择理论的综合运用,其核心是为达到特定的目的而设计相应规则。如果一个行为可以被概括为博弈论中所刻画的形式,并且每个情形都有对应的社会目标。那么机制设计的实质就是设计合适的博弈形式,使得博弈的解无限接近于该社会目标。

在机制设计当中,有几个关键问题必须关注:

(1)不对称信息。信息越多,则做出正确决策的概率越大。如果在一个最优化问题中,信息都是完全对称的,那么机制设计问题就不成为一个问题了。而正是因为存在私有信息和不确定信息,使得对于信息的利用成为博弈方的重要策略。对于机制设计者来说,重要的是使拥有私有信息的参与者说真话。

不对称信息问题主要有四种分类:

逆向选择模型：由乔治·阿克尔罗夫于1970年发表的名为《柠檬市场：质量不确定和市场机制》的论文中提出。他使用了二手车市场的例子来研究该问题。逆向选择问题来自买者和卖者有关车的质量的信息不对称。在旧车市场，卖者知道车的真实质量，而买者不知道。这样卖者就会以次充好，买者也不傻，尽管他们不能了解旧车的真实质量，只知道车的平均质量，希望平均质量出中等价格。这样一来，那些高于中等价的上等车就可能会退出市场。接下来的演绎是，由于上等车退出市场，买者会继续降低估价格，次上等车会退出市场；演绎的最后结果是，市场成了破烂车的展览馆，极端的情况一辆车都不成交。现实的情况是，社会成交量小于实际均衡量。这个过程称为逆向选择。

信号传递模型：信号传递模型在本质上是一个动态不完全信息对策。这个对策包括两个参与人，一个叫 sender，另一个叫 receiver，sender 拥有一些 receiver 所没有的与参与人的效用或者支付相关的信息。对策分为两个阶段：第一个阶段，sender 向 receiver 发出一个信息（message），或者叫一个信号（signal）；第二个阶段，receiver 接收到信号后做出一个行动，对策结束。这时，两个参与人的效用就得到决定。他们的效用既是私人信息，又是 message，同时也是 receiver 所选择的行动的函数。注意，第一阶段 receiver 只能看到 sender 发出的信号，而看不到 sender 所拥有的私人信息。

道德风险模型：在该模型中，不了解私人信息的一方先决策，因而掌握信息的一方有违背承诺的可能性，因此被称为道德风险模型。

不完备契约模型：该模型中，由于未来事件有不可预测性，订立契约和执行企业的成本约束等原因，事前订立的契约可能是不完备的。

（2）显示原理。显示原理是经济博弈理论中的重要工具，任何贝叶斯博弈的任何贝叶斯纳什均衡，都可以重新表示为一个激励相容的直接机制。显示原理降低了机制设计问题的复杂程度，大大降低了机制设计问题的复杂程度，把很多复杂的社会选择问题转化为博弈论可处理的不完全信息博弈，大大缩小了筛选范围，也为深入探索铺平了道路。

（3）个人理性约束和激励相容约束。机制设计的基本要求是满足个人理性约束和激励相容约束。其中，个人理性约束指的是参与者参与到这个机制中来的效用应当至少不小于他接受这个机制的机会成本，例如，即使在资本家残酷剥削劳工的18世纪，工人的工资仍然必须大于其生活成本。激励相容约束则指参与人谎报自己的私人信息无利可图，即一个成功的机制应当是能够吸引人参加并且参与者的个人利益最大化与双方集体利益最大化相一致的。例如，在中国计划经济体制下使用"大锅饭"的分配体制，满足了参与者的个人理性约束，然而没有满足激励相容约束，因此这个机制是失败的，它不能把高效率劳动者和低效率劳动者区分开来，反而他们都会表现出低效率。

博弈论中有关机制设计的部分涉及范围很广，有垄断差别定价、最优税制、拍卖设计、公共产品供给等。大体上可以分为事前机制设计和事后机制设计两种。

·事前机制设计：指在行动之前初始参与者采取行动表明其私有信息的机制，这一方法也称为筛选机制，如上述信号传递模型就是典型的事前机制。

·事后机制设计：指对于行动之后可观察的结果进行的激励机制。如企业的绩效考核、按成果发放奖金等。

在所有例子中，机制设计者——"委托人"的行动依赖于其他参与人——"代理人"的私人信息。对于委托人来说，最简单的办法是要求代理人将其私人信息直言相告。但代理人不太可能说实话，除非委托人提供货币收益或其他方式的激励。由于提供激励是有成本的，委托人通常会采取一种折中的方法，而这种方法很有可能导致一种无效的配置。

机制设计方法的显著特征是假定委托人选择一种使其期望效用最大化的机制，而不是由于历史或制度的原因来选择一种特定机制。这种区别可以用拍卖的例子来说明：在本章中，我们将介绍特定的拍卖机制，同时，一个在这章中无法回避的问题便是在各种拍卖机制中，哪种形式的拍卖可以使卖者的预期收入最大化。

制度与机制设计的很多运用都是考虑单一代理人的博弈，并且机制设计涉及社会各个方面而不仅局限于商业部分（这类单一代理人模型也适用于代理人类型服从连续分布，但每一类代理人只与委托人发生相互作用而各类代理人之间无任何相互作用的情形）。在垄断厂商的二级价格歧视中，垄断厂商按不同的价格出售不同单位的产量，但是购买相同数量产品的每个人都支付相同的价格。一个垄断的卖方还可以根据买方购买量的不同，收取不同的价格。比如，电信公司对每月上网时间不同的客户，收取不同的价格垄断，卖方通过这种方式把买方的一部分消费者剩余据为己有。因此，不是不同的人之间，而是不同的产量之间存在价格歧视。二级价格歧视也称作非线性定价，垄断者设计一个定价方案，消费者的购买价格是其购买数量的函数。在非对称信息的情况下对自然垄断的管制中，政府对被管制企业（代理人）的意愿收益具有不完全信息。政府设计一个激励方案，以便根据被管制企业的成本或价格（或两者同时）来确定对被管制企业的专业收益。在最优税收的研究中，政府通过对消费者征税来提供公共产品。最优税收水平依赖于消费者的挣钱能力。如果政府知道消费者的这一能力，就可以向消费者征收与能力相关的一次性税收，而不改变消费者的劳动供给。机制设计还适用于多代理人的博弈。在公共产品供给问题中，政府必须决定是否供给公共产品，但不知道该产品对消费者的价值。政府可以设计一种方案以确定公共产品的供给及消费者愿意为公共产品支付的转移收益。在拍卖设计中，卖方为潜在买方组织一项拍卖。由于不知道买方的意愿支付，卖方要设计一种机制以确定售价和谁购买该产品。此外，在双边交易中，仲裁人要为对生产成本拥有私人信息的卖方和对意愿支付拥有私人信息的买方设计一种交易机制。

机制设计是典型的三阶段不完全信息博弈，这里代理人的类型，即意愿支付是私人信息。在第一阶段，委托人设计一种"机制""契约"或"激励方案"。一种机制就是一个博弈，在这个博弈中，代理人发出无成本的信息，而"配置"结果则依赖于实际发出的信号。在信号博弈中，双方可以同时显示自己的信号，或者通过更复杂的过程进行信号传递。配置的结果取决于某些可观察变量，如消费量或公共产品的供给数量的水平，以及委托人向代理人的转移支付（可以是正的，也可以是负的）。在第二阶段，代理人同时接受或拒绝该机制。拒绝的代理人得到某个外生的"保留效用"（通常但并不必然，是一个类型相依的数量）。在第三阶段，接受该机制的代理人在该机制下选择自己的博弈行动。

本章将主要涉及三方面内容：7.1 节简单介绍拍卖的机制设计，7.2 节主要介绍信息经济学领域一个重要的组成部分——委托代理理论，7.3 节试图深入企业内部，进一步分析有关公司的制度设计和相关博弈论在其中的运用。

7.1 拍卖

7.1.1 拍卖的介绍

拍卖是一种非常古老的市场形式，它的出现最早可追溯到公元前 500 年，古巴比伦就曾出现了拍卖奴隶的形式。而今天所有的商品，从二手车到价格不菲的珍贵文物，都可以以拍卖的形式进行出售。随着中国经济的市场化逐步加深，拍卖的商品也将不仅局限于普通商品和个人珍藏物品，与此同时，拍卖的形式也将更加多元化。

其实于 20 世纪 70 年代早期，当石油卡特尔组织 OPEC 提高原油价格时，经济学家便开始对拍卖产生了兴趣。当时的美国内政部就曾经决定以拍卖的形式出售对沿海地区的石油开采权，因为根据预测这些地区蕴藏丰富的石油资源。美国政府就曾经请教经济学家如何设立这种拍卖，私人企业也常常雇用经济学家作为顾问，以帮助他们设立一种合理的竞价策略，这些努力和尝试极大地促进了拍卖的形式及策略的研究。在中国历史上拍卖有着各种丰富多彩的形式，虽然如今拍卖的形式主要借鉴西方的拍卖体制，然而，其实在中国古代封建社会就有拍卖活动，有一种称为"唱卖"的，来自印度佛教处理亡僧衣服的方式，7 世纪在中国佛教寺庙中逐渐流传。《十友律》一段文称，佛言："从今日听众僧中卖衣，未三唱，应益价。""三唱未竟，益价不犯。"这里说的"三唱"，指最后三次叫价；"益价"意为加价，"犯"表示抵触。大概意思为拍卖衣物时，凡叫价未满三次时，竞买人可继续加价而不受限制，直至拍卖标的被三次叫价卖出为止。唐玄宗开元二十五年（公元737年）诏令："诸以财物典质者……经三周年不赎，即行拍卖。"这是古代较早引用"拍卖"一词。随着中国对外贸易的发展，特别是鸦片战争失败，中国沦为半殖民地半封建社会以后，西方资本主义国家将更加先进的拍卖机制引入中国，最早的拍卖活动出现在广州，来华外商经常以拍卖方式推销商品，如1821年英国东印度公司运送一批印花布，就是通过在广州拍卖脱手的。

如今，借助互联网的蓬勃发展，拍卖的形式也逐渐借助互联网这一媒介取得了较大发展。最早的拍卖网站是由欧米达在1995年建立的，他最初建立这个小网站是为了向人们提供变种的埃博拉病毒代码。他在网站上加了一个小的拍卖程序，帮助人们交换各自的收藏品。后来他辞掉工作，全心全意投入到网上拍卖业务中去，于是网上拍卖老大——eBay诞生了。较早开展网上拍卖的还有Onsale（创建于1995年5月），它和eBay开了利用网站提供的技术进行拍卖的先河，并创立了电子形式的自动化投标代理、搜索引擎、分类目录等网上拍卖技术。随着电子商务的发展，网上拍卖已经成为一种日渐流行的电子交易方式。根据最新报告，仅eBay2002年第三季度的销售额就达到2.824亿美元，拍卖物品的范围也从计算机和电器发展到收藏品、玩具、音乐、书籍等。中国如今的重要电商也纷纷涉入网上拍卖行业，其拍卖的网络市场格局也在逐步形成过程中。

□ 竞价规则

拍卖理论与机制设计理论密切相关，威廉·维克里（William Vickrey）以其对拍卖分析所进行的前沿性工作获得1996年度诺贝尔经济学奖，维克里分析比较了四种拍卖的机制设计，即英国式拍卖、荷兰式拍卖、密封最高价拍卖和密封次高价拍卖，并提出了四种拍卖方式收益等价的思想。

（1）英国式拍卖。这是最为常见的拍卖形式，拍卖人先以一个保留价格起拍，这是商品出售者所愿意卖出的商品的最低价格。接下来，投标人要相继给出一个更高的价格；通常，每一个出价都要按某一个最小的竞价增量超出前一个出价。当没有投标人愿意再提高出价时，出价最高的人就获得了这件商品。

（2）荷兰式拍卖。起源于荷兰人用这种方式销售干酪和鲜花。拍卖人先以一个较高的价格起拍，然后逐步降低价格，直到某一个投标人愿意接受这个价格为止。实际上，"拍卖人"通常是一个机械装置，类似于具有指针的表盘，并且指针随着拍卖的进行会旋转至越来越低的价格。荷兰式拍卖的进程非常迅速，这是它的一个主要优点。

（3）密封最高价拍卖。在此种拍卖中，每个拍卖人将自己的出价记录在一张纸上，并密封在一个信封中。最终，所有的信封集中在一起，出价最高的人将获得此种商品，并且向拍卖人支付他出的价格。如果这里存在保留价格，并且所有的出价都低于保留价格，那么商品将不属于所有的出价人。密封拍卖经常运用于建筑工程的招标。建筑工程的经营者向几家建筑承包商招标，条件是出价最低的承包商将获得这项工程。

（4）密封次高价拍卖。也叫维克里拍卖，因维克里最早在学术上提出这种拍卖形式而得名，此种拍卖与密封最高价拍卖的差别在于虽然仍旧由出价最高者得到拍卖品，却按第二高出价成交。早在1893年，这种拍卖方式就在邮票的拍卖中被使用过，因此也被称为集邮者拍卖。其优点很明显，因为成交价并不是成交者的出价，因此参与者的出偏离于实际估价的价格并不会产生额外收益。因此维克里拍卖的最优策略是说真话。

维克里认为，在英国式拍卖与维克里拍卖中，以估价为限，参与者会接受任何可能的价格，因此说真话是弱占优策略，而荷兰式拍卖与密封最高价拍卖是等价的。当买者的估价对称分布时，荷兰式拍卖和英国式拍卖的期望收益相同，因此四种拍卖方式是收益等价的。

维克里结论的严格数学证明是由赖利、萨缪尔森和迈尔森分别几乎同时完成的，其中迈尔森的方法最具有独创性。在他的经典论文《最优拍卖设计》

中，迈尔森提出了著名的"显示原理"。通俗地说，如果有很多机制能导致某个结果，那么一定存在一个参与者都说真话的直接机制，能够实现这样的结果。这个原理极大简化了机制设计的复杂程度，使得很多复杂无头绪的社会选择问题与博弈论联系在了一起。

□ 个人价值拍卖、共同价值拍卖与相关价值拍卖

关于商品的性质，经济学家区分个人价值拍卖和共同价值拍卖。

在个人价值拍卖中，拍卖商品对每一个参与人都具有不同的潜在价值。一件特殊的艺术品对于一个收藏家可能价值 200 万元，对于另一个收藏家可能只有 500 元的价值。换言之，商品的价值将取决于个人的偏好以及随之而来的个人对于该商品的价值评估。个人价值拍卖中买者对商品的股价不受他人估价的影响，而完全取决于买者的个人信息。

在共同价值拍卖过程中，拍卖商品基本对于每一个投标人都具有相同的价值，尽管不同的投标人对于这个共同的价值可能具有不同的预测。正因为如此，在了解他人的估价之后，有可能买者会认为自己的股价存在错判，因而调整自己的估价。上文中曾经提到有关美国内政部出售石油开采权的拍卖就属于此类拍卖：某个广袤的地区可能蕴含大量的石油，也可能一无所有。不同的石油公司对于同一地区的石油含量具有不同的估计，这取决于地质勘探的结果，但是，不论谁将最后在拍卖中胜出，石油都具有相同的市场价值。

除了以上两种极端的商品性质之外，还存在一种更普遍的状态，被称为相关价值拍卖，指的是商品对个人的价值有所不同，但他人的股价对某些个人的买家也有影响。实际上，现实生活中所有的拍卖严格说来都是相关价值拍卖，例如对于某些有一定流通量的藏品，藏品对某些买者会有不同的价值，然而他们的估价也会受到当时市价的影响。

值得注意的是，当估价受他人估价影响并且密封出价时，会存在"赢家的诅咒"现象。容易理解，因为估价会随着他人的估价而变动，如果我们假设别人的估价低时会对个人估价产生负面影响，那么出价最高者也即中标者的出价高于所有人，那么在中标的同时他的估价就会下降，如果他没有在他

原本估价的基础上减去一个足够大的数量来出价的话，就会遭受损失。这一现象决定了在密封相关价值拍卖和密封共同价值拍卖中，说真话对买者来说，很可能并不是最优战略。

□ 补充：新型拍卖机制

随着拍卖机制理论的发展，在以上传统拍卖类型之外，为了适应世界各国社会经济发展的要求尤其是电子商务发展的要求，学者和业界也对传统拍卖方式进行了改进，融合了多种不同拍卖方式的特点，设计出了大量新型拍卖机制，下面介绍其中影响较大的几种。

（1）随机 n 价拍卖。它是对维克里拍卖的改进，解决了维克里拍卖中某些价值远远低于或高于市场均衡价格的竞买者在拍卖中可能会提出不等于自己真实价值的出价的问题。在这种拍卖中，每个竞买者提交自己的出价，所有出价按从高到低的顺序排列；拍卖者随机选择一个介于 2 和 k 之间的数字 n（k 为竞买者数量），出价最高的 $n-1$ 个竞买者以第 n 高的价格得到拍卖品。由于 n 是随机选取的，私人估价较低的竞买者现在也有相当高的概率得到拍卖品。所以不诚实的竞买者可能会受到损失，这就迫使竞买者提出等于自己真实价值的出价。

（2）一般维克里拍卖。它是一般多物品拍卖组合的经典机制，这种拍卖方式由维克里提出，他将经典维克里拍卖的机制扩展到多物品组合拍卖中，并证明了这种拍卖机制也是激励相容的。一般维克里拍卖要求竞买者对所有竞拍品的所有非空组合都提出出价，如果有 n 个商品的话，那么一个竞标者的出价就包括 2^{n-1} 个出价。拍卖者计算出使得所有出价总额最大的分配方案。大概地说，每个获胜者支付的是由于他的出价给其他参与者造成的外部性总和。在给定的分配方案下，竞买者的支付是独立于他自己的估价的。一般维克里拍卖将维克里拍卖的原则应用于组合拍卖，从而也具有了"激励相容"的特点。在一般维克里拍卖中，竞买者的占优策略就是提出等于自己的真实估价的叫价。

除此之外，GVA 机制还是个人理性和帕累托最优的。但是这种方法要求买方提出很多个出价,这大大增加了竞买者的负担,在实际中是无法实现的。所以到目前为止,一般维克里拍卖机制仅在理论上具有较高的价值,常被作为评价其他拍卖方式效率的衡量标准。

(3)同步提价拍卖。适用于互补性商品的多物品拍卖,1994年,美国联邦通信委员会(FCC)开始采用拍卖机制配置无线电频谱许可证。拍卖由三个阶段组成,每个阶段又包括多轮出价。拍卖开始前,参与竞买者要说明自己希望得到的拍卖品及数量,称为竞拍限额,并存入一定的保证金以获得初始竞拍资格。竞买者只有在前一轮竞拍中报出最高价格,或者在本轮中递交了合格的出价才能被称为"活动竞买者",才有资格继续参与竞拍。活动竞买者每一轮的竞拍数量不能超过他的竞拍限额,否则出价将被拒绝。在第 j 个阶段中,希望保持自己参加拍卖资格的竞买者必须对自己的竞拍限额的一定比例 f_j 出价。假如竞买者希望得到的数量是 x,在第 j 个阶段的出价数量 $y < f_j x$,那么他在下一阶段的竞拍限额就减为 y/f_j。

这种对活动竞买者的规定的好处在于,它促使竞买者积极出价,从而加快拍卖的步伐,而且在拍卖过程中也披露了更多的信息。在每一轮中,竞买者以密封报价的形式报出自己的价格和数量,出价有时是可以撤回的,但是要支付一定的罚金。每一轮结束后,竞价的结果在下一轮竞价开始之前全部公开,并根据本轮的最高出价规定下一轮的最低出价。

这种拍卖方式存在的缺陷在于"需求减少问题"和"暴露问题"。需求减少问题指的是"拍卖可能促使大竞标者为了抑制价格而减少自己的某些需求"。暴露问题指的是若某买方对 A 和 B 都进行出价,但在对 A 的竞价中失败,这时他将无法在对 B 的竞拍中降低出价。为解决这两个问题,研究者们进行了无数的探索,目前的解决途径主要集中在允许竞买者提出打包竞价方面。

7.1.2 拍卖的机制设计

正如前文中所提及的,博弈的机制设计所涉及的领域相当广泛,以拍卖入手是为了让读者更好地了解制度设计的魅力,读者大可举一反三将博弈论的原理推广到更加宽泛的日常商业与制度治理相关的领域中。所有制度的设计都离不开制度设计者所追寻的最终目标，这一部分我们将从两个相当简单的目标来评价不同的拍卖方式。事实上，读者大可不必将自己的思维局限于前文介绍的几种基本的拍卖方式之中，文中这样做是因为这几种拍卖方式最为常见，现实中读者可以设计相应的激励机制来实现自己的目标。

假设现在我们准备拍卖一件单一的商品，并且存在 n 个投标人，这件商品对于他们个人的价值分别是 $v_1, \cdots, v_n$。为简化问题，我们假设所有这些价值都为正值，而这件商品对卖方的价值为零。我们的目标是选择一种拍卖形式以卖掉这件商品。

以下为我们给出了两个相当基本同时也符合经济学直觉的目标：

➤ 帕累托效率——设计一种拍卖，让商品为对其评价最高者所有。

➤ 卖方利润最大化——设计一种拍卖，让卖方获得最高的期望效用。

在以上两个目标中，利润最大化应当是相当直接的，然而对于帕累托效率目标等价于商品转让给对其评价最高的人。具体而言，假定对于拍卖商品，投标人 1 具有最高的评价，而投标人 2 具有较低的评价。如果投标人 2 获得该商品，那么就存在一种使得投标人 1 和投标人 2 的境况都变得更好的简单交易方式：投标人 1 支付投标人 2 某个位于 v_1 和 v_2 之间的价格 p，将商品从投标人 2 转移到投标人 1。由此可以证明，将拍卖商品转让给对其不具有最高评价的投标人不可能最有效率。

如果卖方知道个人价值 $v_1, \cdots, v_n$，拍卖设计就显得不那么重要了。在利润最大化的情况下，卖方应该将商品转让给出价最高的人，并向他索要这个价格。如果合意的目标是帕累托效率，那么出价最高的人还是应该获得这件商品，但支付的价格却可以是位于其出价与零之间的任何值，因为剩余的分配不会影响到帕累托效率。

更为有趣的事情出现在卖方不清楚商品对买方的个人价值时。在这种情况下，我们如何实现帕累托效率或利润最大化呢？

首先考虑帕累托效率。不难发现，英国式拍卖可以获得合意的结果：出价最高的人获得商品。但接下来我们需要进一步深入的思考，以确定该投标人将支付的价格：支付的价格等于第二高的出价，也许还要加上最小的竞价增量。

考虑一种特殊的情况，此时，最高的评价是 100 万元，第二高的评价为 80 万元，竞价增量为 5 万元。于是，评价为 100 万元的人愿意出价 85 万元，而评价为 80 万元的人则不愿意出价 85 万元。恰如我们的观点，评价最高的人获得商品，并支付第二高的出价（也许加上竞价增量）。我们一直强调"也许"，是因为当两个投标人的出价都是 80 万元时，他们就会不分胜负，而最终的结果将取决于打破这种平局的规则。

利润最大化又如何呢？对这种情况的分析更困难，因为这要取决于卖方对于买方评价的信念。为了看清这里的作用机制，假定这里存在两个投标人，任何一个投标人对拍卖商品的评价都是或者 10 万元，或者 100 万元。假定这两种情况是同等可能的，那么，对于投标人 1 和投标人 2，就存在 4 种同等可能的安排：(10, 10)、(10, 100)、(100, 10)、(100, 100)。最后，假定最小的竞价增量是 1 万元，并且当出现平分秋色的情况时，通过掷硬币来解决。

在这个例子中，上述四种安排中获胜的出价依次为 (10, 11, 11, 100)，评价最高的投标人总是会赢得商品，卖方的期望收益为 33 万元（$=\frac{1}{4}$（10+11+11+100））。

卖方能够做得更好吗？答案是肯定的，前提是他设置一个适当的保留价格。在这种情况下，使利润最大化的保留价格等于 100 万元，卖方按这个价格将商品卖出的可能性为 3/4，而不存在获胜的出价的可能性为 1/4。这样，卖方获得的期望收益是 75 万元，远远大于不具有保留价格的英国式拍卖所产生的期望收益。

注意，这项政策不是帕累托有效率的，因为在 1/4 的时间里，没有人能获得这件商品。这种情形类似于垄断的额外净损失，并且两者的起因完全相同。

从之前的分析，我们可以初步得到无保留价格的英国式拍卖能够保证帕累托效率的实现，而荷兰式拍卖又如何呢？这里的答案是"不一定"。为了看清楚这一点，考虑只存在两个投标人，其评价分别是 100 万元和 80 万元。如果具有较高评价的人（错误地）认为第二高评价为 70 万元，那他就会计划等到拍卖人喊价 75 万元时才出价。但是，那时已经太晚了——评价第二高的人已经按 80 万元的价格拍走了这件商品。荷兰式拍卖通常并没有保证评价最高的人一定会赢得商品。

对于密封拍卖，上述论点仍然成立。每一个经济行为人的最有出价取决于他对其他人评价的信念。如果这些评价是不准确的，商品就很容易落入评价不是最高的人手中。

拍卖机制只是博弈论的机制设计中的一种，在接下来的案例中将介绍笔者自己亲自参与的深圳市碳减排工作的案例，这是一个类似于公共资源分配的博弈。在这个案例中，我们应用了 2012 年诺贝尔经济学奖获得者罗伊德·沙普利的博弈思想。沙普利在博弈论中的著名贡献是所谓的"盖尔-沙普利算法"（the Gale-Shapley algorithm），也被称为"延迟接受算法"（deferred-acceptance algorithm），简称"GS 算法"，是盖尔和沙普利为了寻找一个稳定匹配而设计出的市场机制。在一个医学院学生找医院实习的博弈中，医院和学生都期望得到最佳配对。市场一方中的对象（比如医疗机构）向另一方中的对象（比如医学院学生）提出要约，每个学生会对自己接到的要约进行考虑，然后抓住自己青睐的（认为它是可接受的），拒绝其他的。该算法一个关键之处在于，合意的要约不会立即被接受，而只是被"抓住"（hold on to），也就是"延迟接受"。要约被拒绝后，医疗机构才可以向另一名医学院学生发出新的要约。整个程序一直持续到没有机构再希望发出新的要约为止，到那个时候，学生们才最终接受各自"抓住"的要约。

□ 案例：深圳市碳减排

（1）问题的提出。2011 年 10 月 29 日，国家发改委发布《国家发展改革委办公厅关于开展碳排放权交易试点工作的通知》，正式批准北京、天津、上海、重庆、湖北、深圳开展碳排放权交易试点，计划于 2013 年之前开展区域碳排放权交易试点，2015 年起逐步在全国范围内开展碳排放交易，建立全国性的碳交易市场。

为了构建碳交易市场，需要对碳配额进行分配，碳排放配额的分配机制也逐渐成为关系到碳配额交易市场的效率和公平的重要问题。碳排放配额交易的基础是碳排放配额的分配，如何分配好交易前的碳配额是后期碳交易能否成功的关键。

根据国际先进国家的经验，一般认为采用"祖父制"分配方法可以较为公平地分配碳排放权配额。"祖父制"是一种处理问题的原则，往往指沿用旧方法来处理新情况。在碳减排方面，"祖父制"分配方法一般是用历史排放量乘以一定的减排比例，即企业在下一年获得的碳排放配额为其上一年的实际碳排放量（或者上几年的平均值）乘以政策要求的减排比例。例如企业上一年的碳排放量为100，政策要求的碳减排比例为20%，那么企业下一年获得的碳排放配额为：$100 \times (1-20\%) = 80$。

运用"祖父制"分配方法有一个前提——历史碳排放量走势稳定且能代表整个企业在节能减排所做的工作。但对于发展中国家，这个前提很难保证。一方面，企业发展千差万别，不同行业的企业分布也都截然不同。有的行业技术水平普遍先进，有的行业技术水平普遍落后，更多的则是先进与落后混杂。在这些情况下，历史碳排放量也许不能完全反映企业已经做出的减排贡献。而且不同企业规模所带来的差异也让两者有更大的偏差。另一方面，历史数据的极度缺乏，也导致不能科学准确地预测出未来合理的碳排放量。

（2）企业间碳配额分配量的计算：玻尔兹曼分配法。根据深圳市的具体减排目标，例如2013—2015年间，深圳的碳排放量要减少25%，我们可以应用物理学中的玻尔兹曼分布，计算出每个目标减排企业的碳配额数量（见表7-1）。

表7-1　玻尔兹曼分度在碳分配中的应用类比

玻尔兹曼分布	描述
物理学上的应用 $p_i \propto e^{-\beta E_i}$	其中，P_i 为一个粒子处于单态 i 的概率 e 为自然对数的底 ≈2.71828 $b=1/kT$（k 为玻尔兹曼参数，T 为绝对温度） E_i 为单态 i 的能量

玻尔兹曼分布	描述
碳排放权分配中的应用 $m_i = E_0 \exp(-\beta e_i)$	其中，m_i 为企业 i 的碳配额权重 b 为调整参数，由企业的历史数据拟合而得。 e_i 为企业 i 的上报碳强度 E_i 为企业 i 的历史碳排放量

那么，企业 i 的初次分配额：$m_i = E_i \exp(-\beta e_i)$

假设给定总的碳排放配额量为 M，那么经过总量控制调整后的企业的碳排放配额为：

$$M_i = \frac{m_i}{\sum m_i} M$$
$$= \frac{E_i \exp(-\beta e_i)}{\sum E_i \exp(-\beta e_i)} M$$

其中，β 为调整参数，由企业的历史数据拟合而得；e_i 为企业 i 的上报碳强度；E_i 为企业 i 的上一年度碳排放量。也就是说企业得到的碳配额是由其上报数据和历史数据共同决定的。

β 的取值。根据最小交易原则（碳排放配额尽量贴近企业的需求，以减少交易需求）

$$Y = \sum_{i=1}^{N} |配额i - 需求i|$$
$$= \sum_{i=1}^{N} M_i - E_i$$

根据上一年的历史数据，利用带 β 的分配函数给企业进行分配，使得绝对值 Y 最小（即所有同行业内分配企业需求和配额最接近）的一个 β^* 将作为分配方案的应用值。又因为不同的行业存在差异，因此我们给每个行业计算一个 β 值。

基础值。出于对整体经济形势不确定性的考虑，企业的碳排放配额的基础值就是其上一年度的历史碳排放量。在历史碳排放量需求的基础上，企业因为不同的碳强度将得到奖励或者惩罚。

调整值。从分配公式中 $m_i = E_i \exp(-\beta e_i)$ 可以看到，企业的上报碳强度 e_i 越高，得到的碳排放配额就越少，这是对企业进行的惩罚。反之，企业的上报碳强度 e_i 越低，那么企业得到的碳排放配额就越多，是对企业的奖励。

诚信和罚款机制。为确保企业诚信上报真实碳排放数据，并完成减排承诺，政府将对上报碳强度数据低于实际数据的企业进行处罚。

在未能完成碳减排任务的情形下，政府给予的惩罚为：

3倍碳价 P × 企业上报增加值 G_i ×（企业实际碳强度 e_i' - 企业上报碳强度 e_i）即：$3P \times G_i \times (e_i' - e_i)$

玻尔兹曼分配的不足。玻尔兹曼分配法使用统一的标准公式进行分配，无法满足千差万别的企业需求，首先，不同的企业对碳排放有不同的细节差异需求。其次，由于企业数量巨大，造成整体的交流成本急剧增大。从外部角度来看，是很难达成使得所有个体都满意的协议的。再次，由于玻尔兹曼分配以一次分配完成，企业无法进行多次上报，没有相互学习的机会，容易造成错误的决策，加大了信息不对称的可能性。最后，由于玻尔兹曼分配方案在数值上使用了历史排放值以及企业上报的碳强度，而企业的上报工业增加值以及碳排放量的绝对量没有反映在分配方案里，难以完全反映企业未来需求的变动。

（3）博弈二次分配的引入。为了解决以上问题，我们在玻尔兹曼分配法的基础上引入了博弈论，将交流成本由外生转化为内生，使得企业能通过内部的互动达到均衡，这也就是整体达到均衡的状态。而当前解决资源分配最优的方式为盖尔-沙普利算法，将碳配额作为资源，采用该博弈机制实现经济学的最优配置。因此，我们引入以盖尔-沙普利算法为核心的博弈机制，让企业间进行博弈，自由与碳配额进行配对。

盖尔-沙普利算法主要用来研究资源最优配置问题。由于真实世界的一些经济指标很难获得真实值，那么基于这些指标的经济机制的可操作性就被削弱了，也就是说实际操作中经济个体很难获取最优解的精确值。事实上，经济个体往往把最满意而非利益最大作为判断标准，企业通过博弈达到满意的程度。而当所有企业都没有意愿改变自身所处情况，我们可以认为这种情况下企业达到了帕累托最优。这样，我们吸取了盖尔-沙普利算法的一些思想，制定出了博弈基本原则：以企业的历史碳排放量为基准，企业在原本排放基础上减排越多，给予企业越高的配额奖励。这样便形成了一种内生的激励机制，使得企业有自主减排的动机。下面介绍博弈碳分配的逻辑顺序及约束。

第一，博弈的参与者（players）。同一个行业所有参与碳分配的企业。

第二，博弈过程（game）。

第一步：政府根据企业历史数据对企业进行聚类。通过企业的历史经济指标，我们把企业分为不同的类别。每一个企业都具有一定的同质性，其重要经济指标不会出现过于悬殊的差距，因而在各方面具有可比性。

第二步：企业上报下一年的预期碳排放量 E_i' 和工业增加值 G_i'。这里，在所有企业完成上报后，我们将聚类后的企业的上报点通过图表展示出来，让企业了解自己在聚类中所处的相对位置。

第三步：政府根据企业上报的数据分配企业的碳配额 M，并向企业展示其配额在聚类中的相对位置；企业进行多次上报，只对上报和分配结果进行学习，无权选择是否接受该配额。这个多次上报的过程被视为企业的学习过程。

第四步：企业的学习过程结束之后，在之后的博弈过程中，对于政府提供的碳配额，企业选择是否接受。如果企业选择接受，那么政府将配额预分配给企业；如果企业选择拒绝，那么要求企业重新上报数据。

第五步：根据企业重新上报的数据再次分配剩余的碳配额，企业继续选择是否接受。接收后将离开博弈，不能再上报，否则将继续对剩下的碳配额博弈。重复第四步，直到不存在企业要求再次上报数据。

第六步：根据之前的结果分配碳配额，博弈结束。

博弈过程的演示图如图 7-1 所示。

第三，玻尔兹曼碳配额结合博弈分配方法

给定总的碳排放配额量 M，每轮博弈后，由于有企业拿走碳配额，假设剩余的碳排放配额为 M_j，每个企业的初次碳分配额为：$m_i = E_i \exp(-\beta e_i)$

结合总量 M_j 的控制调整，企业 i 的碳排放配额为：

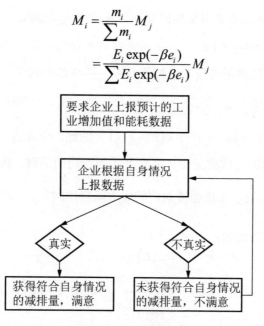

$$M_i = \frac{m_i}{\sum m_i} M_j$$

$$= \frac{E_i \exp(-\beta e_i)}{\sum E_i \exp(-\beta e_i)} M_j$$

图 7-1 博弈演示图

博弈的净收益（payoff）。企业 i 的减排成本函数为 $C_i\left(\dfrac{G_i}{E_i}\right)$，成本函数的特质为：

- 一阶导大于零，即随着碳强度 e_i 的倒数的增大，成本逐渐上升。
- 二阶导大于零，即随着碳强度 e_i 的倒数的增大，成本增加的幅度增大。

实际操作中我们采用

- $C_i\left(\dfrac{G_i}{E_i}\right) = a_i e^{\frac{G_i}{E_i}} + b_i$ 的形式。这里 a，b 为常数。

该方程满足碳减排成本函数的特质，因为在本博弈只做分配所用，因此无须考虑绝对值，只需考虑各企业间的相对成本。

对每个参与企业 i 来说，它的净收益为政府给予的碳配额的收益－实际减排成本：

$$payoff_i = Q(e_i)P - C_i\left(\frac{G_i}{E_i}\right)$$

在未能完成碳减排任务的情形下，政府给予的惩罚为：

3倍碳价P×企业上报增加值G_i×（企业实际碳强度e_i'-企业上报碳强度e_i）即：$3P \times G_i \times (e_i' - e_i)$。

如果企业直接购买碳额 M，使得 $G_i \dfrac{E_i - M}{G_i} - E_i = 0$。

企业的成本为：$P \times (E_i' - e_i G_i')$。

显然，$3P \times G_i \times (e_i' - e_i) > p \times (E_i' - e_i G_i')$，因此，企业为了最小化成本，会选择从市场上购买碳排放配额，因此上式无惩罚的函数，因为惩罚已经内生在 $C_i\left(\dfrac{G_i}{E_i}\right)$，必定会实现碳强度对应的成本函数控制。

企业的净收益函数：

$$E(payoff_i) = E(P \times Q_i) - C_i$$
$$= \dfrac{E_i e^{-\beta e_i}}{\sum_{n=1}^{n=k} E_i e^{-\beta e_i}} E(M_j) - a_i e^{\frac{G_i}{E_i}} + b_i$$

第四，博弈学习最少次数的限定。

企业经过多轮上报，可以获得关于碳配额的一个净收益函数：

$$E(payoff_i) = E(P \times Q_i) - C_i$$
$$= \dfrac{E_i e^{-\beta e_i}}{\sum_{n=1}^{n=k} E_i e^{-\beta e_i}} E(M_j) - a_i e^{\frac{G_i}{E_i}} + b_i$$

得到 $E(payoff_i)$ 的图形大致如图 7-2 所示。

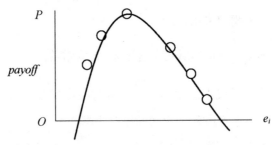

图7-2　$E(payoff_i)$ 的图形

可以看到，只需要 6 个点，即可画出比较完善的净收益图形，因此我们规定，前 6 次上报为学习过程，企业只能看到分配的结果，不能拿走配额，从第 7 次开始才可以拿走配额。

由于第 7 次开始的每一轮博弈之后，都有企业可能拿走配额离开，并且该配额为给定约束下的最高配额的选择（可以理解为博弈的先发优势），当离开的企业个数越多的时候，剩余的整体碳配额 $E(M_j)$ 也逐渐变小，即预期收益减少。

经过多次博弈以后，当该次博弈的确定净收益>预期收益 $E(\text{payoff}_i)$ 时，用户选择接受当前分配额离开博弈。

应用这个博弈的思想，深圳市于 2013 年 6 月成功地在 800 多家企业分配了碳配额，而且没有一个企业对配额的分配产生异议，因为这个配额是企业自己选的。这就为深圳市碳交易市场的开放打下了坚实的基础。深圳市也成为世界上第一个使用博弈论方法分配碳配额的城市，创造了发展中国家碳减排方法创新的案例。

7.2 委托代理理论

委托代理理论本质上是分析现代企业结构的一种经济学常用框架，因为企业行为在相当程度上决定于做日常决策的经理，而经理的目的又会不同于利润最大化，他们往往是追求经理这个岗位所能达到的私利的最大化。相信大家能够很清楚地了解这一点，上市公司的 CEO 经常要求许多附加的福利，包括豪华的公务用车、奢华的办公地点和令普通员工羡慕不已的薪水。

在现代企业组织理论中，代理问题很早就被经济学家们提出来了。伯利和米恩斯在 1932 年就指出，企业的经理与企业的股票持有者的角色是不同的。前者是经营企业并做出决策；而后者则是拥有企业的残留控制权，所谓残留控制权实质上是指，当企业所有者和经营者订立合同或契约之后，所有者所拥有的"最终的控制权"。就经济学意义上，它相当于博弈过程中的一种后发制人的主动权。

那么为何要研究委托代理理论？因为现代企业制度是建立在公司所有者

和经理之间相对分离的基础之上的。经济学对于这个问题的分析，主要考虑在这种企业制度下很有可能经理会有偏离公司所有者所期望的"利润最大化"的目标。在现实生活中，由于经历与所有者对于公司的经营会存在信息不对称的问题，即公司所有者不能完全观测经理人员的日常行为，这就是经济学中经常涉及的道德风险问题。

严格来说，"道德风险"是一种特殊的博弈，是一种由决策者们之间选择某种行动、某种策略的博弈，而这些行动与策略又会影响实际的结果。1944年，诺依曼在《博弈论与经济行为》一书中分析了这类道德风险，并称其为"games of strength and skill"。道德风险这一术语来自关于保险的经济学文献，这一术语专指下列情形，即保险政策本身会改变人们应对风险行为的改变，从而改变保险公司业务所对应的某种事件发生的概率。举例来说，对于一个参与车辆保险的车主，当保险的数额足够大时有可能影响该车主对于风险的反应，参与保险的人可能会介入较之于未投保时更具有风险的活动。综上所述，道德风险微妙之处在于，某事件发生的概率并不是完全独立于人的主观努力之外的，而是受人的良心与努力程度的影响的，而政策的选择又会影响人的良心与努力程度。于是，一种好的政策会通过影响人的主观行为而间接地改变关于人的活动结果的概率，改进经济状态，增进所有者的利益。

7.2.1 一个简单的委托代理模型

□ 模型基础

由于对于委托代理的考虑，我们的精力主要集中于公司管理者在公司所有者或利益相关者之间的博弈，所以在该类模型中公司的具体生产或管理模式应该得到简化。公司管理者与公司所有者有各自不同的最终目标，两者之间以合同的方式连接起来，以上的论述为该模型运作的基本方式，具体假设如下：

（1）代理人（即管理人员）对于企业价值的贡献，记为 y。所谓"企业价值"，可以用企业在证券市场上股票价格的变化来衡量，也可以用企业的产量、产值或利润来衡量。我们定义这种贡献为代理人的产出。y 随生产过程不同而不同。在土地所有者与代耕者之间，代理人为代耕者，代理人的贡献为收成。在如今的经济体制当中，代理人的贡献便是企业股票市场价格的上升。但若要在企业内部在细分委托与代理之间的关系，比如在场内实行层层承包，则可能车间主任会成为委托人，而班组长会成为代理人；甚至班组长会成为委托人，普通工人会成为代理人。工人如成为代理人，其对企业的贡献就是产量因子。

（2）代理人在生产过程中的行动，记为 a。通常是指管理人员在生产过程中的努力程度。这里的努力程度可以被解释为劳动态度，也可被解释为经理人员对所有者利益的关注程度——比如，经理人员是否采取了必要的措施以提高企业股票在股市上的价值？经理是否实施了必要的措施以提高企业的效益？等等。

（3）生产过程中代理人（管理人员）无法控制的外来事件影响，即不以人的主观意志为转移的客观事件，记为 ε，通常是指该代理人无法控制的影响生产结果的事件，由于生产过程不同而不同。比如，在农业中，超越代理人控制的外界因素便是天气条件。在股票市场上，读者应该再熟悉不过了，很多时候公司的股价并不完全是公司当期的经济表现，而是人们对于经济形势的普遍预期。

在介绍完所有的相关变量之后，博弈模型的参与人的行动顺序需要进一步交代：

➢ 委托人与代理人签订一个合约，该合约明确委托人给代理人的报酬。
➢ 代理人选择自己的行动 a，但委托人不能观察代理人的这种行动选择。
➢ 某些超越代理人控制的客观事件（ε）出现了。
➢ 代理人的行动 a 与客观事件 ε 共同决定了代理人的产出 y。
➢ 委托人能够观察到产出结果 y。

> 代理人依据第一步所签下的契约，作为已经实现的产出 y 的一个函数，兑现委托人给自己的补偿性报酬。

为了使分析更加简单，我们做出以下两个假定：

假定1：生产函数为 $y=a+\varepsilon$。

假定2：ε 的概率分布是正态分布，并且 ε 的期望为 0，方差为 δ^2。方差越大，则说明生产过程中的干扰越大。

☐ 契约

现在我们来讨论委托人与代理人之间的契约。我们分析的焦点集中与线性契约上，及代理人的报酬是产出的线性函数。如记报酬为 $w(y)$，则：

$$w(y)=s+b\times y$$

其中，s 是固定工资或薪水，b 是奖金率或利润留成比率，企业的总留成为 $b\times y$。$w(y)$ 可以看作管理人员一个人的报酬；有时也可以看作一个企业的职工的总报酬，如那样，则 s 为工资基金，$b\times y$ 就为奖励的留利总额。

上述这种线性契约既简单又常见，它产生的是一种统一的激励，即这种契约提供的刺激处处相等。是否非线性的激励机制会比线性契约提供更强的激励呢？答案是"不一定"。

20世纪80年代中后期，我国国有工业企业曾实行过利润承包责任制。如果企业达到或超过承包合同所规定的利润水平，则会得到一个较高的留利水平；如企业实现的利润水平低于合同所规定的目标利润，则只能享受一个较低的留利水平，甚至没有留利。即使我们忽略这种非线性的契约对于投资的效应，光考虑其对生产的效应，也会有一定问题。比如，如果到了年底，企业实现的利润远远低于目标利润，无论怎样努力也不可能达到该目标时，管理人员就有可能放弃努力。

☐ 得益

企业的所有者当然会占有 y，但必须支付给代理人以报酬 w，所以委托人的得益为：

$$\pi=y-w$$

为分析的简单起见，我们假定委托人对风险是持中立态度的。风险中立意味着委托的目标是最大化其期望收益。

委托人的期望收益为：
$$E(y-w)=E(y-w)=E(y)-E(w)$$

代理人根据合约可以获得报酬（工资）w，但他必须付出努力，而这种努力的行动是有代价的，记该代价为 $C(a)$。如果代理人偷懒，不采取任何的行动，则 $a=0$。但是，当 $a=0$ 时，会有 $C(0)=0$，也会有 $E(y)=E(0+\varepsilon)=E(\varepsilon)=0$，即 $E(y)=0$。

所以，代理人的利益为：
$$w-C(a)$$

如果我们假定代理人也是风险中立者，则代理人也应会去实现 $w-C(a)$ 的期望值的最大化，即努力使 $E(w)-C(a)$ 最大化。为什么 $C(a)$ 不用去期望值呢？因为代理人的努力成本并无不确定性，你努力多大程度，便会确定地增加你的成本。为什么 w 要取期望值 $E(w)$ 呢？因 $w(y)=s+b\times y$，这是取决于 y 的；而 $y=a+\varepsilon$，是取决于不确定的 ε 的。

代理人的努力成本 $C(a)$ 其一阶和二阶导数都大于零，即越努力，付出的代价便越高；努力越大，代价递增。

☐ 最优行动（结论）

根据以上建立的模型，我们可以解出代理人的最优行动。但是，这里值得讨论的一点是，"最优"的标准有三种不同的定义：

➤ 委托人的得益尽可能高（在满足代理人最低限度的报酬水平的前提下）。

➤ 代理人的得益尽可能高（在保证委托人的最低限度的福利水平的前提下）。

➤ 委托人与代理人的得益都尽可能高。

当我们根据这三种标准进行讨论时，可以得出：在委托人和代理人都是风险中性的条件下，只要求代理人采取同一个行动。

该结论的现实意义在于：实质上，如果委托人与代理人对于风险都采取中立的态度，在国有企业的情形之下，则追求有约束的国家利益最大化（在保证企业生存的前提下），或有约束的企业利益极大化（上缴国家一个足够的量后），还是国家利益与企业利益之和的最大化，其结果都是一样的。即国家与企业之间的利益分配不会影响最优行动解的确定。

然而，在现实生活中，收益在所有者与管理经营者之间的分配是会大大改变最优行动解的存在性和值的。问题的根本在于，我们假设人们对于风险采取中立的态度，事实上，如果我们改变这一假设，将得到与现实更加接近的结果。

□ 案例：国美之争

2006年7月，国美收购陈晓的"永乐"，家电业"老大"和"老三"的结合，让陈晓和黄光裕走到一起，陈晓担任"新国美"总裁。黄光裕曾公开说，再也找不到更合适的总裁人选。

2008年年底——黄光裕因经济犯罪被调查，陈晓被推至前台，才开始有了实权。

2009年6月——陈晓成功引入贝恩资本，救了国美却伤了黄光裕。一位知情人士说，即便当时二人有矛盾，也没有公开化，引入贝恩，是黄陈二人决裂的直接诱因。

2010年5月——在国美股东大会上，黄光裕连续五项否决票，否决委任贝恩投资董事总经理竺稼等三人为非执行董事的议案，但遭到董事会否决。矛盾至此公开化。

2010年8月4日——黄光裕一封要求召开股东大会罢免陈晓等职位的函件，正式拉开国美控制权之争的大幕。

2010年9月28日——国美大股东黄光裕方罢免陈晓董事会主席动议未获通过，黄光裕胞妹黄燕虹及私人律师邹晓春未能当选执行董事，陈晓将继续掌舵国美。

国美夺权事件在经济学理论中同时涉及道德风险问题和逆向选择问题。

陈晓作为代理人，出于私利，利用职务和信息便利引入贝恩资本以期掌握对国美的控制权。而黄光裕家族由于逆向选择的影响，更倾向于依托亲属管理而建立真正的家族企业，这明显与现代企业制度相悖。

导致委托代理关系低效率最重要的原因就是委托人与代理人之间缺乏信任。从黄陈二人的相互评价中，我们也可以看出二人的互相猜疑是致使委托代理关系在国美企业管理中彻底崩盘最主要的原因。黄光裕指责陈晓："不顾及国美的任何历史和感情，不顾一切地推行'去黄光裕化'。当察觉他的私心要否决他的提议时，陈晓竟然不顾基本的公司治理原则，强行否决国美股东周年大会的决议，在舆论上还混淆视听，反过来指责大股东不顾国美死活！"陈晓指责黄光裕："真正的焦点是他想用他的意志控制公司。"当委托代理关系中暴露信任危机时，黄光裕便下决心让陈晓"下课"，于是便有了这场轰轰烈烈的国美大战。

□ 案例：政府信息网络披露[①]

《审计署2003至2007年审计工作发展规划》首次提出把推行审计结果公告制度、充分发挥社会舆论监督作用作为一项重要的任务，要求积极实行审计结果公告，逐步规范公告的形式、内容和程序，到2007年，力争做到所有审计和专项审计调查项目的结果，除涉及国家秘密、商业秘密及其他不宜对外披露的内容外，全部对社会公告；改进现行审计报告的形式和内容要求，建立适合于对外公告的审计报告制度。

《审计署2008至2012年审计工作发展规划》提出，坚持审计结果公告制度，加强审计信息分析，提升审计成果层次，把审计监督与社会监督特别是社会舆论监督结合起来，不断提高审计工作的开放性和透明度，促进依法行政和政务公开，坚持和完善审计结果公告制度，逐步规范公告的形式、内容和程序，把对审计发现问题的整改情况作为审计结果公告的重要内容。

2006年修订的《审计法》第三十六条规定："审计机关可以向政府有关部门通报或者向社会公布审计结果。"此外，还有《中华人民共和国审计法实施

---

① 改编自张阳、赵兴楣：《委托代理、政府绩效审计与监督监督者——基于2003年以来网络信息披露的案例》，《中国行政管理》，2010年第8期。

条例》(1997)、《审计机关公布审计结果准则》(2001)和《审计署审计结果公告试行办法》(2002)的一些相应规定。上述规定虽然没有直接规定政府机关必须将自身工作绩效披露,但至少意味着,我国在政府审计相关信息披露方面,已具备了可行的法律环境。只要政府审计机关愿意,它就可以披露。

网络信息披露涉及公民、政府、官员、政府审计机构四方,其中,公共资源分配过程中的信息不对称与资源利益的巨大性,对行政官僚体系内的代理人——各阶层官员来说,其自利性是一个很大的挑战,由此诱发了行政体系内试图使自身利益最大化的代理人的种种"寻租"行为,产生"代理问题"。政府审计机构原本是作为官员的监督机构而存在的,是帮助委托人获得代理人真实信息的。然而政府审计机构人员本身也是官员,也具有代理人属性,谁来监督这些监督人同样涉及委托代理问题。政府是官员直接的管理者,制定政府官员的整套激励约束机制,乍一看是委托人的角色,然而政府同样是由官员来运作的,因此,只有政府所代表的其权力的源泉:公民,才是真正的委托人,所有政府官员都接受公民的委托,并按照个人利益最大化的原则行动。

这就使得政府信息网络披露具有双重的必要性,一方面,在政府主导的"行政型审计模式"下,审计事实上演化为"下审上"的内部监督,故而可信性大大降低,对这种政府体系内代理人寻租行为的发现存在极大的技术障碍与行政阻滞。而政府审计制度的改革,在一定程度上解决了审计失灵的问题。另一方面,这使得监督关系的最终端——公民能够发挥实际作用,真正掌握监督权,使得公民利益相对提高。

7.3 公司制度与设计治理

根据之前对于一些博弈论在机制设计中的一些作用,在本节中我们试图走进企业,进一步体会如何进行公司的相关制度设计。

7.3.1 制度与制度设计

大道至简、返璞归真；道法自然，无为而治。这可以说是所有制度设计的终极目标，依靠良好的制度来达到设计者的目的是本章的核心内容。小到家庭生活，大到整个国家的经济、司法、行政系统，制度约束着人们日常的行为与规范，但是如何进行科学有效的制度设计，是每一位企业家都应当深思的问题。

"无为而治"是我们耳熟能详的词语，然而，又有多少公司所有者能够顺其自然在商海沉浮中岿然不动，依旧保持一颗沉静的心。可以说，一套好的公司制度是能够达到无为而治、以不变应万变的功效的。其实，简而言之，就是要创设"活的可以自动执行的游戏规则"，又或者说"精巧、灵动、自运行的游戏规则"，借助当事人的利益追求和利益博弈，将其合力方向导向预定目标，借风使船、顺水推舟，来自动自发地实现管理目标。一个优秀的经营管理者不应当事必躬亲，而应当是一个优秀的游戏规则制定者，制定好游戏规则，让别人去玩，玩的结果正是自己所想要的。说到事必躬亲，有一个问题在进一步讨论公司制度设计之前需要澄清：制度与执行力到底孰在前，孰在后，哪个更重要？其实，细想一下，我们便能清楚如果没有科学合理的制度，何来对于合理的执行力的讨论。正如托马斯·弗里德曼所言"美国强大的真正力量，来自所继承的良好的法律与制度体系"，也如查理·孟德斯鸠所坚持："制度不适当，越是严格执行，越是带来常态化的社会冲突、暴力、凶杀……"

☐ 经典案例：0.1%的跨越

第二次世界大战战期间，美国空军降落伞的合格率为99.9%，这就意味着从概率上来说，每1 000个跳伞的士兵中会有一个因为降落伞不合格而丧命。军方要求厂家必须让合格率达到100%才行。厂家负责人说他们已经竭尽全力了，99.9%已是极限，除非出现奇迹。军方就改变了检查制度，每次交货前从降落伞中随机挑出几个,让厂家负责人亲自跳伞检测。从此,奇迹出现了,降落伞的合格率达到了100%。

□ 经典案例：降低死亡率

英国将澳洲变成殖民地之后,因为澳洲地广人稀,尚未开发,英国政府就鼓励国民移民到澳洲,可是当时澳洲非常落后,没有人愿意去。政府就想出一个办法,把罪犯送到澳洲去。这样一方面解决了英国本土监狱人满为患的问题,另一方面也解决了澳洲的劳动力问题,还有一条,他们以为把坏家伙们都送走了,英国就会变得更美好了。

英国政府雇用私人船只运送犯人,按照装船的人数付费,多运多赚钱。很快政府发现这样做有很大的弊端,就是罪犯的死亡率非常之高,平均超过了10%,最严重的一艘船死亡率达到了惊人的37%。政府官员绞尽脑汁想降低罪犯运输过程中的死亡率,包括派官员上船监督、限制装船数量等,却收效甚微。

最后,他们终于找到了一劳永逸的办法,就是将付款方式变换了一下：由根据上船的人数付费改为根据下船的人数付费。船东只有将人活着送达澳洲,才能赚到运送费用。

新政策一出炉,罪犯死亡率立竿见影地降到了1%左右。后来船东为了提高生存率,还在船上配备了医生。

通过以上案例,我们可以初步了解到制度设计在生活中的重要性,然而更重要的是如何将制度设计运用到公司的经营理念和日常管理工作当中。在本节接下来的内容中,我们将介绍制度设计基本的原则设计流程。

□ 经典案例：七人分粥

有七个人合住在一起,每个人都是平等的,同时又是自私自利的。他们想用非暴力方式,通过制定制度来解决每天的吃饭问题——在没有计量工具或刻度容器的状况下分食一锅粥。大家发挥聪明才智,试验了很多办法,形成了以下种种规则：

规则1：指定一个人负责分粥。很快大家发现，这个人给自己分的粥最多，于是便换了一个人，结果总是主持分粥的人碗里的粥最多。于是，其余的人揭竿而起，废除了这一容易滋生腐败的制度。

规则2：民主选举一个信得过的人来主持分粥。这位道德高尚的人开始还能保持公平，但不久以后，他就有意识地给自己和溜须拍马的人多分粥。大家一致认为，不能放任腐化，还得寻找新的制度。

规则3：指定一个分粥人士和一名监督人士，起初还比较公平，但是到后来，分粥人士与监督人士从权力制约走向"权力合作"，他俩分到的粥最多，制度再次失败。

规则4：民主选举一个分粥委员会和一个监督委员会，形成民主监督与制约机制。公平基本上做到了，可是由于所有人都必须到场，监督委员会经常提出各种议案，分粥委员会又据理力争，一番争吵下来，粥都凉了。这种制度效率太低。

规则5：谁也信不过，干脆大家轮流主持分粥，每人一天。这等于承认了每个人都有为自己多分的权利，同时又给予每个人为自己多分的机会。虽然看上去公平了，但每个人在一周中只有一天吃得打饱嗝，其余六天都是饥肠辘辘。大家认为这一制度造成了资源浪费。

规则6：对于分粥，每个人都有一票否决权。虽然看似公平，但恐怕最后谁也喝不上粥。

规则 7：每个人都轮流值日主持分粥，但分粥的人最后一个领粥。令人惊奇的是，在这一制度下，七个碗里的粥每次都是一样多的。因为每个主持分粥的人心里都明白，如果七个碗里的粥有多有少，他将确定无疑享用那份最少的。

上述七种安排，只有最后一种规则，虽朴素平实却浑然天成，既简洁明晰又精巧高效，委实令人为之赞叹。

7.3.2 制度设计的基本要素

制度设计的第一要义：可以自动执行的制度。正如在前文中所论述的观点一样，一套科学有效的制度是能够自动发挥作用和抵御风险的。制度设计主要有以下的几个简单标准：是否尊重了"利益"？是否遵从了"机制"？是否遵循了"体制"？利益是制度设计所必须立足的物质基础，机制是制度设计所必须把握的客观规律，体制是制度设计所必须考虑的宏观环境。在真实环境中的制度设计中综合考虑以上三方面因素，才能设计出适合自身企业发展目标，与外部环境相协调的制度。

制度设计的三项原则：

第一，主体归位，利益内嵌。通俗地说，每一项职责都要有具体的人来负责；而职责履行的好坏，又直接关系到责任者的切身利益乃至身家性命。主体归位，利益内嵌，这两点是互为保障、缺一不可的，主体不明确，就会造成"责任者缺位"，利益不内嵌，就会导致"庙穷方丈富"。

过去，国有企业在制度安排方面往往忽略了这一点。制度的缺失，给管理层中饱私囊提供了可能，而这反过来又成为否定国有企业的理由。于是，有人提出，国有企业搞不好的原因是产权不清。看似有理，其实不然，监护人侵吞了被监护人的财产，这难道是"所有者缺位"吗？不，是"典守者不得辞其责"。

☐ 案例思考：皮具冠军的烦恼

深圳某皮具有限公司在商业模式上做了一个创新，将真皮皮具从奢侈品重新定位为快速消费品，然后进入各家超市设立专架销售。

商业模式的小小调整，带来销售额的急剧增长和企业规模的快速扩大，该公司的店面两年内覆盖四百多家超市门店，员工上千人，其自有品牌也成为国内市场男士小皮件的销售总冠军。

随着规模扩大，公司总经理却感到业务上越来越不给力，管理上越来越不得劲。我们的制度设计师潜入公司，经调研发现：公司架构是按照连锁经营销售企业标准模板设置的，一家门店3—4个导购，5—6家店一个经理，5—6个片区一个总监，奖金都是与销售额挂钩；此外，导购卖得好，就有机会提拔为副经理、经理，经理负责片区销售好，就可能提拔为副总监、总监，晋升一级就涨一级基本工资，要涨底薪，对不起，先晋级。

请试用"主体归位，利益内嵌"的原则来分析该公司的问题。

☐ 案例思考：TCL 的管理层收购①

1997 年，为了充分激发管理层的积极性，惠州市政府与 TCL 集团签订了《国有资产授权经营实施方案》，实行"增量奖股"模式，方案设计如下：

（1）充分授予经营自主权。政府对授权范围内的企业经营决策和日常活动一概不干预，使企业真正成为市场经济活动的法人实体和竞争主体。

（2）合理设置奖励指标。在剔除部分非经营性资产，并对不良资产进行折扣后，惠州市政府核定出 TCL 经营性国有净资产总额，再以此为基础，确定经营班子考核指标——国有净资产利润环比增长率，考核基数为 10%，超出 10%的部分，按规定比例奖励经营班子股权。

（3）建立严格的奖惩制度。按照"有奖有罚"原则，规定经营性国有资产增加幅度达到 10%—25%、25%—40%、40%以上的，分别从增值部分提取 15%、30%、45%奖励给经营班子；未增加的，只发基本工资的 50%；增加幅度为 0—10%的，每增加 2%补发基本工资的 10%，增加值达到 10%，补发全部基本工资；经营性国有资产减少的，每减少 1%，扣罚经营班子预缴保证金的 10%，直至扣完；减值达 10%的，则对经营班子行政处罚直至免除职务。

（4）按期兑现股权奖励。惠州市政府按照责任书规定逐年兑现奖励。"增量奖股"的制度安排激发了企业潜能，第一个 5 年合同期满，国有资产从 3.2 亿元升至 11.6 亿元，增长了 262.5%，TCL 的经营班子则累计获得了价值 2.76 亿元的股东权益。惠州市政府在减持的同时，获得了数十亿元的利税、数万人的就业和国有资产的巨额增值。

问题：在 TCL 的制度改革当中，怎样体现了"主体归位，利益内嵌"的原则？

---

① 李令飞：《企业管理中的主体和利益》，《经营管理者》，2010 年第 12 期。

◻ 自组织、自管理

人是自组织的,这是人良好的适应性、有序性和生命力由来的基础。同样,任何企事业单位、行业系统甚至整个社会,也需要自组织,或者说需要实施自组织管理。"自组织管理",也许我们还不熟悉它,但我们需要它;它为"无为而治"的管理理想的实现,为以人为本的科学发展观的落实,为和谐社会的构建提供了有力的思想基础。

"自组织"是一种有序结构,这种有序结构是系统内部要素在外界环境作用下协同合作自发产生的,外界环境并不规定系统内部要素按何种方式进行组织。自组织管理就是基于自组织的理念发展出的适合于社会组织应用、达到自组织这种高效有序境界的一整套理论和方法。"承认和尊重人的合理需要的满足"是实现自组织管理的重要基础,完备的信息传输和反馈系统是组织适应性由来的实质保障,系统的观点是自组织管理必要的视角。系统的观点就是从整体演化的角度看待组织的结构、运行机制,包括与环境的交流、关系。自组织管理的结果是使组织充满秩序和活力,使组织多方面的消极问题得以减少、消除,使包括人力资源在内的各类资源得以优化配置和高效利用。

◻ 案例思考:销售部门的顽疾

天津某食品公司是一个老牌企业,产品供应本地超市,但这两年来年销售额有减无增,市场占有率不断下降,生产线开开停停。董事长无奈之下邀请笔者去企业看看销售方面的症结所在。

接受邀请后,笔者假装应聘,到该公司的销售部门干了大半个月,结果发现问题出在销售部门:(1)激励不足,销售人员实行"底薪加利润提成"制度。资格越老、工龄越长,底薪越高(最低1 000元,最高4 000元)。而提成比例却是统一的2%,提成比例过低,业务员没有太大的积极性去开拓市场、发展客户。(2)约束过软,公司内部普遍缺乏成本意识,诸如招待费、礼品费、差旅费,只要有发票,就能报销。销售部门尤为突出,以手机话费为例，每个业务员每月有 400 元补贴，无论业绩好坏，照补不误。（3）协作匮乏。往重了说，业务员之间压根不存在什么协作，彼此不抢单、不拆台就算不错了。公司虽然推行"一带一"的政策，可师傅带出来的徒弟，除了学会端茶倒水，业务上得不到任何指导。老业务员掌握客户联系的半壁江山，坐地为王，动辄以离职跳槽、带走客户相威胁，公司也不敢严加管束。

该如何解决这一问题？

☐ 案例思考：快递公司的加盟商管理

某快递公司是一家坐落于上海的民营快递公司，十分注重制度设计，率先设立了独立于首席执行官之外的首席制度官。其管理制度主要包括以下几个亮点：

（1）连锁加盟管理制度。加盟商不需要接受培训，不需要缴纳加盟费等相关费用，也得不到总公司的广告支持、营销建议，加盟商与总公司的联系只在于加盟商发的件必须贴上总公司的运单才能进入总公司的物流系统，每张运单一块钱。这种粗放的管理方式的好处在于能减少管理漏洞和无效管理，也减少了核算费用，给加盟商提供自己决断的空间。

（2）加盟商自激励制度。不同加盟商之间的派件是无偿的，因此发件量大的加盟商就会占发件量小的加盟商的便宜，所以提高发件量除了原本的收运费的利润之外，还多了与其他加盟商竞争的动力，这种自激励极大提高了效率。

（3）加盟商自约束制度。加盟商意味着得到了这家快递公司在某一区域的代理权，而区域是有限的，尤其是发件量大的区域更是很多潜在加盟商的目标。因此逼迫加盟商必须重视质量控制和服务管理，否则自然会有总公司的内部人员检举揭发。

（4）加盟商自协同机制。派送费互免本身也是一种自协同机制。快递配送的四大程序"收件、中转、分拨、派送"之间，是供应链关系，每个环节都有独立经营权，都必须按照市场规则争取客户，自然形成了衔接紧密的快递系统。

制度设计不到万不得已，不搞推倒重来，改良胜于革命，尊重历史、秉承传统。每一个能活下来而且还能活下去的企业，现有制度体系有其现实合理之处，不能"一废了之"，特别是既有规则下形成的企业内部关系格局和利益格局，要予以尊重并谨慎处理。没有明文规定的地方，也有草根规则在那里运行。所以，制度设计不是在白纸上画画，而是在既有规则的基础上调整、改造、升级，自然就要借鉴、吸收既有规则中的合理成分。

☐ 案例思考：家族企业的弊端

上面案例中的这家快递公司尽管凭借优秀的自管理制度迅速壮大，获得了长足的发展，然而其内部管理的漏洞也随着企业的扩大而更加明显，高管们在公司运营权问题上以权谋私、中饱私囊，普通员工怨声载道，然而家族企业的一贯弊端在于管理系统内部全都沾亲带故，山头林立，拉的都是自家的大王旗，常用的建立在评估打分上的绩效考核机制因为缺少执行能力而失去了作用，谁去评估是个大问题，这可如何是好？

7.3.3 制度设计流程

制度设计与其说是一套理论，不如说是一套流程与方法。这样一套方法论，不受条条框框限制，也没有神圣的理念信条，更没有什么黄金版、白金版的管理圣经，而是一切从企业实际出发，量体裁衣，为企业设计甚至创造适合它自己的管理模式和管理机制。以下制度设计是基于某快递公司的绩效考核制度设计案例。

☐ 具体流程

以下管理制度设计流程也称作"422"工作法，包括4大环节、22道工序：

环节1：潜伏式调研，包括六大工序：外部环境调研→内部生态调研→关系网络分析→确定制度主体及其利益诉求→问题链分析→确定制度设计目标、理念和原则（见图7-3）。

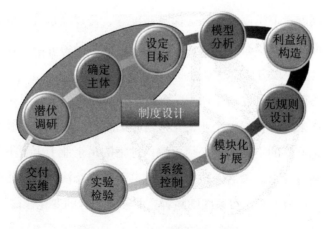

图 7-3　绩效考核制度设计流程

外部环境调研。制度设计的调研，不是先内后外，往往是先外后内，这是由于企业是社会的衍生品，企业制度也就是企业中人与人的交往方式，因而社会制度——法律、道德、社会规范等不可能不影响到企业制度的制定。图 7-4 显示了社会宏制度体系与微观制度体系的关系。

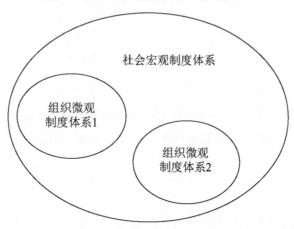

图 7-4　社会宏制度体系与微制度体系

社会宏制度中应当继承的，首先是生产资料所有制，它是一切社会关系的灵魂，具体到公司来说，它决定了公司的产权，因此决定了公司的利润分配，从而决定了公司的一切。也正因为如此，股权激励往往并不是激励手段的首选。其次应当继承的则是保障生产资料所有制的其他下行制度，如政治制度、法律制度、卫生制度、社会保障制度等，公司经营必须依法办事，在这些制度面前，企业没有自由选择的空间。最后则是诸多细节性规定，包括企业经营的具体手段方法，这是企业可以控制的地方。

内部生态调研。制度的生命力，也取决于企业内部具体是由什么样的人构成的。具体来说，首先，企业文化群落中的种群、亚种群必须被掌握。其次，企业文化群落的空间结构必须了解。这指的是企业上上下下各阶层不同的兴趣点和利益诉求。最后，是企业文化群落的生态演替，这指的是企业内部思想观念、行为方式、关系准则随着企业经营历程的变化往往会改变。

关系网络分析。组织内部，物的关系决定了人的关系。首先必须从组织内部的工作流程入手，因为工作流程决定了人与人之间的协同关系。其次要从并行的工作线程入手，因为工作线程决定了人与人之间的竞争关系。再次是公司内部的工作进程，也就是人与人之间管与被管的关系。最后则是组织内部的"产权—委托—代理"关系格局，这一格局决定了人与人之间的治与被治的关系。

在弄清所有的情况之后，还要弄清的就是制度设计的目标。制度设计目标不是单一的，因为组织中的人不是"代表性的个人"。实际上它包括核心目标、主要目标和次要目标，其中，核心目标必须与基本制度相合，因而具有根本性、全局性、长期性和稳定性，必须从战略层面考虑，在制定核心目标的过程中，可以用到战略目标集转化法、企业系统规划法等方法。

环节2：科学化分析，包括三大工序：利益势分析→博弈论分析→系统动力学分析。

机制设计理论天生具有不可回避的弱点，如先验性假设太多、限制太强，将个体都看作原子、视角狭隘、数学化过度，等等。因此机制设计的科学分析还需要从系统论的角度，使用利益势、运筹学、系统动力学、生态演化模型等方法。

利益势分析。主要是为了弄清楚单个参与者的利益诉求的取向动力和动量。在图7-5中，A类部门指的是诸如财务部、市场部等与市场关系紧密、经济效益驱动的部门,而 B 类部门如人力部门,则宗族气氛浓厚,将宗族荣誉感看得较重,两相合并,我们看到了利益追求动量的方向与既定目标动量的差别,就能够有针对性地调整在制度设计中各控制参量的程度。

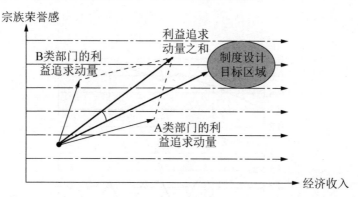

图 7-5 利益势分析图

博弈论分析。与传统博弈论相比,制度博弈具有结构博弈、复合博弈、有限追求博弈的特征。如表 7-2 矩阵所示,x 是使用制度提高集体荣誉感的程度,y 是惩罚手段。如果 $x=0$,则 $y=0$,容易看出,纳什均衡状态将是(不守规矩,不管),显然不符合企业利益。而综合使用奖惩措施,可以看出,当 $x>0$、$y>3$ 时,画圈部分的均衡成立。

表 7-2 制度博弈结果分析

		看重经济收入的部门 (如人事部、财务部)		强调宗族荣誉感的部门 (如市场部、营运部)	
		守规矩	不守规矩	守规矩	不守规矩
管理层	管	0,$-3+x$	-3,$0-2y$	0,$-2+2x$	-2,$0-y$
	不管	3,$-3+x$	0,$3-2y$	2,$-2+2x$	1,$1-y$

系统动力学分析。系统动力学主要是为了弄清楚多个参与者的利益诉求的相互作用,其基础在于人的思维能力不足以处理高阶次、非线性、多回路的复杂系统,尤其是在复杂系统中因果之间往往并不是简单的线性关系,甚至可能在时间上也不具有一定的先后次序,因此需要使用系统动力学建模来分析。

图 7-6 是对绩效考核体系进行系统动力学建模并假设奖惩强度很大（$y > 6$）时输出的模型结果。令人惊讶的是，盲目加大奖惩力度并不能提高公司的管理秩序，反而会在一定时间后造成极大的震荡，使得整个系统陷入不稳定当中。

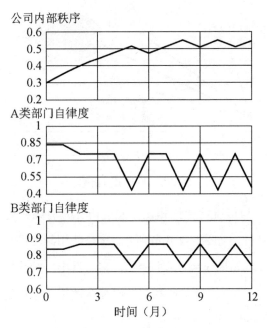

图 7-6　对绩效考核体系进行系统动力学建模的输出结果

环节 3：系统化设计，包括五大工序：元规则设计→结构化、模块化扩展→控制参数与步进→信息通路设计→组织与设施配套。

元规则设计。 元规则就是在制度中，可以衍生出其他规定并且可以统领其他规定的几条核心原则，就是"决定其他规则的规则""立法的法"，可能只是短短几句话，却体现了制度的思想、理念和原则。而在元规则设计之后，就要使用软件开发中的结构化、模块化开发思路，划分出各个功能模块，再像搭积木一样组合起来（见图 7-7）。

环节 4：不可行性检验与参与式实施，包括六大工序：系统仿真检验→管理实验检验→成本收益核算检验→文字编排→审议试运行与调试→交付与运维。

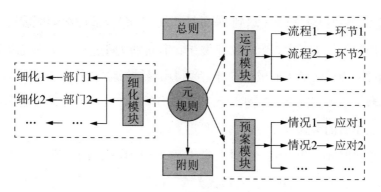

图 7-7　元规则设计

系统仿真检验。系统仿真是指利用电脑，用一个模型来模仿现实，以取代代价很大的真实实验。但建立"很像"的模型往往并不容易，往往是通过"建模—实验—分析—再建模"的过程，循环往复，最后达到完善。

实验检验与实施阶段：成本收益核算：成本收益是经济领域永恒的主题，我们在此提出估算经济新的三大衡量指标：

制度成本。包括制度改革成本，制度运行成本和机会成本。

制度成本与新增收益之比。提升效益的途径包括优化激励机制和减少交易费用、降低组织成本。

制度成本分摊比例。指制度成本往往在制度制订者、监督者、执行者和被执行者之间分摊。分摊得当能够事实上减少制度成本。

分摊比例	・化整为零 ・向后推移 ・向外转移
性价比	・制度收益 ・制度成本
制度成本	・变革成本 ・运维成本 ・机会成本

□　**案例思考：佳信公司的考勤制度**

佳信公司成立之初，考虑到 IT 行业的特殊性，在考勤方面没有做任何要求。但行政人事部经理很快就发现，缺乏考勤制度不可避免地带来了一些问题。总经理得知后很生气，拷贝来一个极严厉的考勤制度（考勤制度Ⅰ）：员工迟到10分钟罚款20元；迟到20分钟罚款50元；迟到30分钟算旷工半天；一个月内迟到三次以上，公司立即与其终止劳动合同。

制度实施后，员工们极为紧张，起得比鸡早，怨气冲天。

行政人事部经理发现民怨沸腾，经极力争取，公司废止了实施两个月的制度，新出台的考勤制度（考勤制度Ⅱ）规定：

上下班时间不变，但一个月内累计迟到、早退一次的员工，罚款20元；累计达到两次的罚款50元；迟到三次或三次以上罚款100元，该月全勤的员工奖励200元。

制度一出台，员工们欢呼雀跃，每天早上大都准时到岗，大多数人到月底都拿到了全勤奖。

然而，实施仅一个月的第二套考勤制度，却被总经理一声令下给废除了。更出乎员工意料的是，公司还责令已经拿到全勤奖的员工把奖金如数退还给公司。

一番风波后，总经理决定采用人性化管理，新出台的考勤规定（考勤制度Ⅲ）为：迟到10分钟以内不算迟到，但一个月内不得超过三次。

你从这个案例中能够看出哪些问题？如何对新制定的考勤制度进行补救？

□ **案例思考：另一种考勤制度设计**

兴兴系统集成公司实行打卡考勤制度，可代打卡现象屡禁不止，公司只得派专人看管，而考勤员不愿得罪同事，往往睁只眼闭只眼；系统集成行业淡旺季非常明显，旺季时企业经常通宵加班加点，迟到者多以此为理由争辩；工资发放日更是矛盾爆发日，吵得一塌糊涂，最终发生了一起恶性事件。

以你的经验，改革考勤制度应该从哪些方面手？

□ **案例思考：又一种考勤制度设计**

上海某软件开发有限公司成立两年有余，考勤一直是个老大难问题。

该公司大部分员工都是具有本科或本科以上学历的年轻人，头脑敏锐，思维活跃，工作热情很高，项目紧张的时候加班加点也满不在乎。可不紧张的时候却非常散漫，作息时间不规律，晚上睡得很晚，上班经常迟到。频繁加班和工作辛苦，也成了许多年轻的软件工程师迟到的借口。

公司原来实行的考勤制度，是直接抄自网上流传的范本。尽管很全面，而且行政人事部门有专人负责考勤，可效果总是不尽如人意。

考勤员被戏谑为"扣钱的"，与花样百出的年轻工程师们玩起了"猫捉老鼠"的游戏：早上上班，员工们这个来个电话，说有事晚来一会儿；那个让同事打个招呼，说车堵在路上了；即使打卡，有时也会故意刁难考勤员，谎称忘了带卡。

到了下月月初，该算工资奖金了，老板又来打招呼：这个骨干少扣点，那个经理不要扣。在此情形下，心高气傲的年轻员工们屡屡与考勤员发生言语甚至肢体冲突。

两年下来，不堪忍受的考勤员换了四任。最后，偌大个行政人事部，竟然没有人愿意接任。为解决这个问题，笔者应邀"潜入"公司进行实地调查。调研中发现，企业以人为本，强调"事业留人、待遇留人、感情留人"；年轻的工程师们朝气蓬勃，富于创新，彼此之间互帮互助，密切配合，工作责任心都很强，可就是不愿意接受僵化教条的管束。

怎么办？

□ **案例思考：再一种考勤制度设计**

北京暴风网游公司员工多是90后的时尚"潮人"，不甘现状、追求个性、喜欢新奇，由于喜欢游戏和搞怪，对自己的工作热情也高，可叛逆心很强、责任心也差，什么未来、理想、责任感，统统见鬼去吧，制度在他们眼里，不过是一张纸。

该公司在考勤方面也曾严管过，甚至引入了指纹考勤机，可效果压根不好，迟到的照样迟到，早退的照样早退。更有甚者，有员工还因此将公司告上了法庭。

怎么办？

□ **案例思考：新一种考勤制度设计**

中圆公司是一家房地产销售企业，同时开售的楼盘往往有四五个，员工分布在各个售楼处，上班从来都是晚到，很多时候客户等在门口了，现场布置、陈列、折页、表单、文具乃至着装等前期工作却还没有准备好，给客户的印象大打折扣。

人力资源部甚至往每个售楼处派驻考勤员，加大经济奖惩力度，可效果不佳。因为售楼小姐做成一单的提成非常高，考勤那点奖罚根本不入她们的法眼。

怎么办？